놀이로 배우는 말하기 학습 워크북(개정증보판)

자신 있게 말하자!

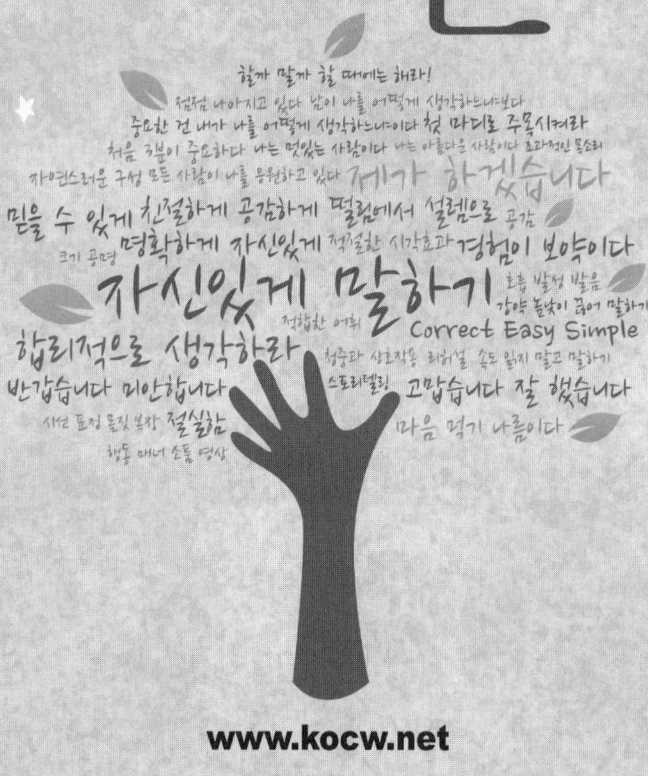

이의용 저

www.kocw.net

국민대학교 출판부
KOOKMIN UNIVERSITY

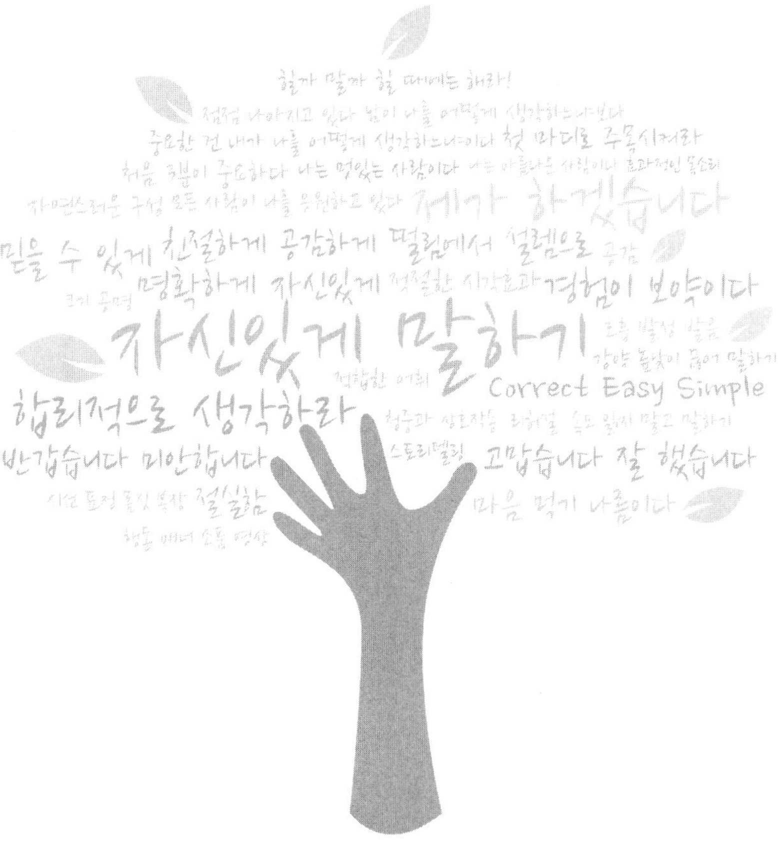
자신있게 말하기
Correct Easy Simple
제가 하겠습니다
믿을 수 있게 친절하게 공감하게 떨림에서 설렘으로
명확하게 자신있게
경험이 보약이다
합리적으로 생각하라
반갑습니다 미안합니다
고맙습니다 잘 했습니다

www.kocw.net

저자 이의용

'커뮤니케이션'이라는 단어만 들어도 바로 가슴이 두근거린다.
말하기와 글쓰기가 인생의 두 날개라고 믿으며
강의, 방송, 집필을 즐기며 살고 있다.
모교인 국민대학교에서 문학박사 학위를 받고 교양대학 교수로 일하면서
'인생설계와 진로', '자신있게 말하기' 교과목을 개발하여 30학기 이상 진행해오고 있다.
저서로 '대학생 인생설계', '스무 살 나의 비전', '떨리는 강사 설레는 강사', '잘 가르치는 교수',
'굿 리포트' 등 45종이 있다.

연락처: yyii@kookmin.ac.kr 010-7200-5054

할까 말까 할 때에는 해라!
제가 하겠습니다
믿을 수 있게 친절하게 공감하게 떨림에서 설렘으로
명확하게 자신있게
경험이 보약이다
자신있게 말하기
Correct Easy Simple
합리적으로 생각하라
반갑습니다 미안합니다
고맙습니다 잘 했습니다
절실함
마음 먹기 나름이다

www.kocw.net

말하기는

어떤 메시지(Message)를

효과적인 방법(Skill)으로

자신있게(Confidence) 표현하는 것이다.

그 성과는 얼마나 열심히 연습하느냐(Practice)에 달려 있다.

그런데 메시지(Message)보다 더 중요한 것은

그 메시지를 전하는 그 사람(Messenger)이다.

Contents

자신있게 말하기
Correct Easy Simple
제가 하겠습니다
합리적으로 생각하라
믿을 수 있게 친절하게 공감하게 떨림에서 설렘으로
명확하게 자신있게 적절한 시각효과 경험이 보약이다
반갑습니다 미안합니다
고맙습니다 잘 했습니다
마음 먹기 나름이다
중요한 건 내가 나를 어떻게 생각하느냐이다 첫 마디로 주목시켜라
할까 말까 할 때에는 해라!

www.kocw.net

워크북을 펴내면서

많이 말하고 많이 써야 내 생각도 솟아납니다.

인생을 살아가는 데 있어 말하기의 중요성은 다시 강조할 필요가 없을 겁니다. 혼자 살아간다면 모를까 다른 사람과 함께 살아가는 한 말하기-듣기, 쓰기-읽기는 가장 중요한 생존의 '도구'가 아닐 수 없습니다. 그럼에도 불구하고 우리 대학생들은 이 가운데 말하기와 쓰기를 힘들어하는 것 같습니다.

왜 그럴까요? 중등 교육과정의 국어 교육이 대학입시 준비 중심으로 진행되고 있기 때문이지요. 읽기, 듣기에 비해 말하기, 쓰기는 평가하기가 어렵습니다. 그러다보니 말하기, 쓰기는 국어 시험에서 사실상 제외될 수밖에 없습니다. 물론 입시 과정에 면접 전형, 논술 전형이 있지만 입시 준비 과정은 필기시험 준비에 편중되어 있습니다.

국어 교과목만이 아니라 모든 공부가 골방에 들어가 혼자 이해하고 암기하는 식이니, 청소년들이 다른 사람과 소통하고 어울리고 협력하기보다는 단절된 공간에서 혼자 공부하는 데 익숙합니다. 다시 말해, 입을 꼭 다물고 말없이 공부해야 일류대학에 갈 수 있습니다. 여기에다 SNS가 발달하면서 '혼자' 살아가기에 점점 익숙해지니 소통 능력은 점점 약해질 수밖에 없습니다.

말하기는 중요한 학습역량

말하기, 글쓰기 역량이 부족하면 당장 대학 수업에서 학습 성과를 올리기 어렵습니다. 고등학교 수업보다 못한 교수자 주도형 수업이 없는 것은 아니지만, 그래도 대학 수업은 자기 주도학습을 지향하기 때문에 고등학교보다는 리포트를 쓰고 발표를 할 기회가 많습니다. 그러니 말하기, 글쓰기 역량이 부족하면 학습성과를 제대로 낼 수가 없습니다. 나아가 인간관계, 소통, 협력을 기반으로 하는 직장생활, 사회생활, 가정생활에서도 큰 어려움을 겪을 수밖에 없습니다.

듣기, 읽기는 남의 정보나 지식을 받아들이는(Input) 소통방식이죠. 반면에 말하기, 글쓰기는 내 정보나 지식을 바깥에 내놓는(Output) 소통방식입니다. 인풋 방식의 공부만 열심히 하면 남의 정보나 지식을 많이 쌓게 되지만, 아웃풋 방식의 공부를 열심히 하면 내 정보나 지식을 많이 쌓게 됩니다. 두 가지 모두 중요합니다. 그러나 아웃풋 방식의 공부를 열심히 해야 인풋 방식의 공부도 활성화됩니다. 경우에 따라서는 50편의 글을 읽는 것보다 1편의 글을 쓰는 것이 유익할 수도 있습니다. 샘의 물을 퍼내야 고이듯이, 내 정보나 지식도 퍼내야 새로운 것을 추구하게 됩니다. 많이 말하고 많이 써야 내 생각도 솟아납니다. 그게 학습이죠.

대학의 말하기, 글쓰기 교육은 생활 소통 교육이 되어야 한다

우리나라 청소년들은 초등교육 6년간, 중등교육 6년간 국어를 필수로 공부합니다. 그러나 거기에 말하기, 글쓰기는 상대적으로 크게 부족합니다. 그래서 대학에서 또 국어를 가르칩니다. 그러나 고등학교 과정의 내용과 방법을 '재탕'하거나, '국어학 개론'이나 '국문학 개론'인 경우가 적지 않습니다. 그래서 말하기나 글쓰기 교과목을 따로 운영하는데, 자기 소개서 작성이나 면접 준비에 그치는 수도 많습니다.

말하기, 글쓰기, 듣기, 읽기는 인생을 살아가는 데 꼭 필요한 소통 도구입니다. 따라서 대학의 말하기와 글쓰기 교육은 학습활동에서, 가정생활에서, 직장생활에서, 사회생활에서 절실히 요구되는 '생활 커뮤니케이션' 전반을 다뤄야 한다고 생각합니다. 아나운서처럼 말하기가 아니라, 생활인 말하기로 전환되어야 합니다. 또 말하기와 글쓰기 교육은 통합되어야 합니다. 표현할 알맹이(콘텐츠)를 만드는 방법, 그것을 말로 표현하는 방법, 그것을 글로 표현하는 방법을 통합적으로 익혀야 효과가 있지 않겠습니까? 그럼에도 이걸 나눠서 가르치는 건, 이걸 통합적으로 가르칠 사람이 부족해서 아닐까 생각해봅니다.

자신감부터 회복하자!

우리나라 대학생에게는 표현 기술 중 글쓰기보다 말하기가 더 시급하지 않나 생각합니다. 개인의 차이 때문일 수도 있지만, 우리에게는 말하기를 자제하는 걸 미덕으로 여기는 문화와 관습이 있습니다. 그래서인지 글 잘 쓰는 사람만큼 말 잘 하는 사람이 존경을 받지 못합니다. 그리고 다른 사람의 시선을 지나치게 의식하는 문화와 관습이 있습니다. 그래서 누구나 남들 앞에서 말하는 걸 꺼려하고, 말할 때 남의 시선을 지나치게 의식하고 쉽게 위축됩니다.

우리나라 대학생들이 말을 잘 하려면 우선 자신감부터 회복해야 합니다. 그래서 이 수업 이름을 '자신있게 말하기'로 한 겁니다. 이 수업에서는 먼저 자존감에 기초하여 자신감을 회복하고, 할 말(콘텐츠)을 생각해내고, 그것을 말로 효과적으로 표현하는 방법을 '여럿이 함께' '놀면서' 익히도록 설계했습니다. 필자가 박사학위 논문으로 발표한 '담쟁이 프로그램'을 발전시켜, 담쟁이처럼 서로 격려하면서 천천히 한계를 넘자는 겁니다.

강의 없는 자기 주도형 체험 수업

이 수업 시간에는 강의가 없습니다. 말하기 연습은 수영 연습과 비슷합니다. 이론도 잘 알아야 하지만, 스스로 물에 들어가 뜨는 법을 익혀야 합니다. 다른 사람이 옆에서 도와주는 방식으로는 한계가 있습니다. 스스로 물에 뜨려고 노력해야 합니다. 강의 듣고 이론 시험 보고 학점이나 따는 식으로는 말하기에 발전이 없습니다. 이런 수업은 교수자의 말하기 연습장이 될 뿐입니다.

이 수업에서는 먼저 말하기 역량이 얼마나 되는지 진단하고, 그걸 토대로 앞으로 해결해나가야 할 학습목표를 세웁니다. 학습목표는 사람마다 다를 수밖에 없습니다. 이론은 온라인 강좌를 이용하여 자기 주도적으로 공부합니다. 수업 시간에는 다함께 참여하여 왁자지껄 떠들고 놀면서 말문 열기를 연습합니다. 그리고 지도 교수와 동료의 지속적인 피드백을 통해 말하기 역량을 차근차근 키워나가는 겁니다.

믿을 수 있게, 자신있게, 명확하게, 친절하게!

간디는 "My life is my message!"라는 훌륭한 가르침을 우리에게 남겼습니다. 저는 말하기를 공부하려는 학생들에게 약속시간부터 잘 지키라고 당부합니다. 말보다 행동이 더 강한 표현이기 때문입니다. 아나운서처럼 말하는 기술만 익혀서는 안 됩니다. 이 수업에서는 믿을 수 있게, 자신있게, 명확하게, 친절하게 말과 행동으로 표현하는 것을 배웁니다. 이러한 학습은 진정성있는 일상생활에서 시작됩니다.

이 수업은 국민대학교에서 30학기 이상 학습자들로부터 사랑을 받아왔습니다. 그만큼 국민대학교 학생들에게 잘 맞게 다듬어진 수업이죠. 다른 대학의 말하기 수업과는 근본적으로 차이가 나는 국민대학교만의 '명품 수업', '國産 수업'이라고 자신있게 말씀 드립니다. 그래서인지 EBS가 두 번씩이나 대안 수업으로 소개를 해주었습니다.[1)]

이 수업의 가치를 인정해주신 유지수 전 총장님께 진심으로 감사를 드립니다. 그리고 이 수업을 함께 가꿔 오신 한희정, 오정근, 조인숙, 조수진, 김은정, 김지영 선생님께 감사드립니다.

1) http://news.ebs.co.kr/ebsnews/allView/10391473/N 〈무크 기획보도 12편〉 교수부터 달라져야
http://news.ebs.co.kr/ebsnews/allView/10505359/N 〈교육현장 속으로〉 대학생들이여, 자신있게 말하자!

"중요한 건 학습자야!"

이 수업은 다른 수업을 돕기 위한 것입니다. 이 수업에서 좋은 성적을 받기보다는, 이 수업을 활용해 다른 수업에서 좋은 성적을 받아야 합니다.

손바닥도 마주쳐야 소리가 납니다. 아무리 프로그램이 좋고 교수방법이 좋아도 학습자가 의욕과 동기가 없으면 성공하기 어렵습니다. 문제는 학습자입니다. 말하기를 정말 잘 하고 싶다면 '절실함', '간절함'부터 회복하기 바랍니다.

1년 만에 개정판을, 또 2년 만에 개정증보판을 내놓습니다. 교수자와 학습자가 보다 편리하고 효과적으로 활용할 수 있도록 하기 위해섭니다. 우리 제자들이 이 책을 잘 활용해서 말하기에 획기적인 발전을 이루기 바랍니다. 이 책이 다른 교육기관에도 도움을 줄 수 있으면 좋겠습니다.

말 한 마디로 천 냥 빚을 갚는다는 얘기가 있죠? 요즘엔 말 한 마디로 천 냥을 법니다. 공부해서 남 주시고, 말 잘 해서 남 주시고, 돈 벌어서 남 줍시다!

2019년 8월15일

저자 이의용

자신있게 말하기
Correct Easy Simple
믿을 수 있게 친절하게 공감하게 떨림에서 설렘으로
명확하게 자신있게
경험이 보약이다
합리적으로 생각하라
반갑습니다 미안합니다
고맙습니다 잘 했습니다

수업안내

1 자·말 수업을 말한다.

1) 자 · 말 수업은 이렇습니다.[2)]

- 놀면서 배웁니다.
- 강의가 없습니다.
- 학습자가 주도하고, 학습자가 평가합니다.
- 학기 중 10회 이상 청중 앞에 서볼 수 있습니다.
- 지적이나 꾸중 대신 격려와 도움이 넘칩니다.

놀이터, 자전거 보조바퀴, 충전기, 보약, 재활치료소, 힐링타임, 진짜 대학수업… 학기를 마치며 수강생들이 자신있게 말하기 수업을 비유한 말들이다. “학교를 아직 1년밖에 다니지 않았지만 4년 통틀어서 가장 선택을 잘한 수업이 될 것 같아요.”(류수진) “정말 정이 많이 가는 수업이었습니다!! 학교 다니면서 이런 수업 다시는 못 만날 것 같아요.”(곽유진)

이 수업은 강의가 없는 학습자 주도형 수업이다. 중간고사 이전까지는 강의 대신 침묵 스피치, 거울놀이, 눈치게임, 먼저 웃으면 진다, 스토리텔링, 청문회 같은 다양한 놀이기법을 통해 말문을 열고 자신감을 키우는 연습을 한다. 그래서 놀이터를 방불케 할 정도로 늘 요란하고 웃음이 넘친다.

중간고사 이후부터는 청중 앞 발표를 시작한다. 모의 면접, 나 설명하기, 주장하기, 설득하기로 점차 강도를 높여나간다. 이 과정에서 발표장면을 동영상으로 촬영하고, 동료들의 피드백을 받아 스스로 잘 하는 점 중심으로 자기 분석을 해가며 자신감과 발표역량을 스스로 키워나간다. 동료들과 비교하지 말고 어제의 나와 현재의 나를 비교하자는 게 이 수업의 정신! 그래서 수업에서는 늘 박수와 환호성, 칭찬, 격려가 넘친다.

수강생들은 매 수업 시간에 자기 암시문을 외친다. “경험이 보약이다!”, “할까말까 할 때에는 하자!”, “내가 원본이다!” 이 수업에서는 리포트 작성도 함께 배운다. 학기말에는 거의 A 수준에 도달한다.

2) 국민대학교 교양대학 홈페이지에서 인용.

드디어 길거리 스피치! 북악관 1층 입구 등에서 오가는 행인들에게 90초간 설득을 하는 마지막 과정이다. 이를 지켜보며 지나가는 이들의 반응은 두 가지. "난 절대 저 수업 안 들어!", "재 발표 못하는 아이인데 어떻게 저리 잘 하지?"

현재 외국인 학생반 1개와 11개 반이 운영되고 있다. 학생들을 아끼는 전문 교수들이 매 학기 몇 차례씩 만나 더 좋은 수업 만들기로 고민하는 우리 학교의 자랑스러운 수업이다. 주의! 수강신청은 3초만에 마감된다. 그래도 자신감, 소통력 향상에 관심이 있다면 적극 도전해보길.

- 이 수업에 대해 더 알고 싶으면 다음 사이트를 참고하세요.

> (1) 중앙일보 https://news.joins.com/article/23175824
> (2) EBS http://news.ebs.co.kr/ebsnews/allView/10505688/N
> (3) EBS http://news.ebs.co.kr/ebsnews/allView/10391473/N
> (4) KOCW www.kocw.net/home/search/kemView.do?kemId=1072015
> (5) 수강생 추천기 https://blog.naver.com/kmu_amb/220640665478

2 자·말 수업은 누구에게 필요한 수업인가?

이 수업은 개인적인 말하기나 발표에 어려움을 느끼는 학생, 특히 자신감을 회복하려는 학생들을 위한 과목입니다.

1) 일상생활이나 학습활동에서 다른 사람에게 자신을 보다 믿음직스럽게, 자신있게, 명확하게, 친절하게 표현하기를 원하는 사람.
2) 토론(토의)이나 발표, 면접에서 다른 사람에게 자신을 보다 믿음직스럽게, 자신있게, 명확하게, 친절하게 표현하기를 원하는 사람.
3) 특히 발표 불안증에서 벗어나 자신감을 회복하려는 사람.

이 수업은 '거꾸로 학습(Flipped Learning)' 방식의 학습자 주도형 수업입니다. 학습자가 수업에 참여하기 전에 자신에게 필요한 동영상 강좌를 스스로 수강하고 교실 수업에 임하는 방식입니다.

이 수업의 전반부에서는 다양한 놀이기법을 이용하여 개인별로, 그룹별로, 전체 청중과 함께 소통, 대화, 토의(토론), 발표 등을 실제의 상황처럼 연습합니다. 후반부에서는 말하기와 발표에서 가장 자주 사용하는 면접, 설명, 주장, 설득을 연습합니다. 청중 앞에서 발표를 하고 청중으로부터 평가와 조언을 받고, 자신의 발표 장면을 촬영한 동영상을 분석하며 개선 방안을 찾습니다.

이 수업은 학기 초에 스스로 진단을 해보고, 지도교수 면담을 통해 학습 목표를 정하고, 스스로 연습을 한 후 학기말에 다시 진단을 해보록 설계되어 있습니다.

3 자·말 수업에서 얻은 점[3]

- 행인 앞에서 스피치를 했다. 이 뿌듯함.
- 말하기나 글쓰기나 공통점이 많다.
- 질문하고 질문 받는 게 쉬워졌다.
- 어느덧 말하기를 즐기게 되었다.
- 교수님의 긍정적인 조언이 힘이 됐다.
- 목소리가 사람의 됨됨이를 드러내는구나.
- 이제는 발표 후 자책하지 않는다.
- 서로 격려하고 응원해주는 수업이다.
- 주장과 설득을 확실히 구분할 수 있게 됐다.
- 발표를 많이 해봤다. 경험이 보약이다.

- 이젠 대본에 집착하지 않는다.
- 떨림을 설렘으로 생각하게 됐다.
- 준비한 것의 70%만 표현하면 성공이라는 걸 알게 됐다.
- 얼마나 준비하느냐가 성공을 결정한다.
- 나를 믿게 됐다.

3) 2019년 1학기 수업 후기에서 발췌.

- 청중의 눈을 바라보며 말할 수 있게 됐다.
- 리포트를 어떻게 쓰는지도 배웠다.
- 좋은 수업 방식을 배웠다.
- 모르는 사람에게 쉽게 다가서서 말을 걸 수 있게 됐다.
- 발표가 더 이상 두렵지 않다.

- 좋은 친구를 많이 사귀었다.
- 대사를 잊어도 자연스럽게 말할 수 있게 됐다.
- '어떻게 하면 피할 수 있을까'에서 '어떻게 하면 잘 할 수 있을까'로!
- '어떻게 하면 잘 표현할까'에서 '어떻게 하면 잘 이해하게 할까'로!
- 이야기는 재미와 의미를 잘 반죽해 만든 빵이다!
- 과제를 당장하는 것이 가장 쉬운 방법임을 알게 됐다.
- 발표 중 실패는 실패가 아니라 실수일 뿐이다.
- 초보 운전자가 어느덧 사이드 미러 보듯, 말하면서 청중 반응을 살필 수 있게 됐다.

- 내 목소리가 좋다는 걸 알게 됐다.
- 발표 전 날 심한 불안감에 시달리지 않게 됐다.
- 긴장하면 떨던 손발이 이젠 덜 떨린다.
- 다른 사람의 발표 평가하고, 동료들로부터 피드백 받으면서 정말 많은 걸 배웠다.
- 놀면서도 공부가 되는구나. 공부는 머리로만 하는 게 아니구나.
- 듣는 사람 입장을 살피고 말해야겠구나.
- 남들과 비교하지 않게 됐다.
- 동료들 평가해보니 교수님들 평가하시느라 힘들겠구나.
- 길거리 스피치 하고나니 북악관 15층에서 날아갈 것 같다.
- 이 수업을 왜 졸업을 앞두고 이제서야....

4 수업 내용과 일정

주차	주제	자기주도학습 과제
1	개강·수업안내	
2	말하기 연습–진단·Confidence	1) KOCW 5주차 자신감 2) 영화 King's Speech
3	말하기 연습–Communication	3) 누가 1등인가? 4) KOCW 3주차 말하기와 커뮤니케이션
4	말하기 연습–Verbal	5) 나의 리포트, 무엇을 어떻게 개선해야 하나? 6) 자신있게 말하기 23계명 카톡방에 녹음 게시하기
5	말하기 연습––Vocal	7) KOCW 7주차 목소리 8) Tongue Twister 녹음하기
6	말하기 연습–Visual	9) KOCW 9주차 효과적인 시각 표현
7	말하기 연습–질문·청문회	
8	*발표–모의면접	10) 면접 발표 분석
9	말하기 연습–대본(1)·발표방법	
10	*발표–설명하기	11) 설명하기 자기 분석
11	*발표–주장하기	12) 주장하기 자기 분석
12	말하기 연습–캡숑게임·대본(2)	13) 캡숑게임–자기 분석
13	*발표–설득하기	14) 설득하기 자기 분석
14	*발표–길거리 스피치	15) 진단, 마지막 리포트 ※ 발표 영상 1건 Youtube에 게시
15	종강·Feedback Day	

5 어떻게 평가하나? (Ground Rule)[4]

구분	내용	배점	계
1) 출석	※ 규정 출석 일수의 1/5(3회) 이상 결석할 경우 평가 대상에서 제외됨.	10	10
		결석(–2), 지각(–1), 조퇴(–1)	
2) 학습과제 제출	학습과제 제 때 제출	2×15회	30
3) 발표 평가	1. 모의 면접	5~10	50
	2. 설명하기	5~10	
	3. 주장하기	5~10	
	4. 설득하기	5~10	
	5. 길거리 스피치	5~10	
4) 보너스 점수	다른 수업 발표 참여	1점씩 3회까지	10
	담당교수 면담	1	
	가장 성장한 동료(동료 투표)	1	
	발표영상 Youtube 게시	1	
	기타(담당교수 재량)	4	
합계			100

1) 개강 수업 출석 여부는 성적에 반영되나?

수강 신청자는 반드시 출석해야 함. 미신청자는 예외.

2) 공결의 범위는?

(1) 갑작스러운 일로 결석하는 경우

- 부모, 형제, 친조부모, 외조부모의 사망
- 본인의 갑작스러운 부상, 질병(병원 진단서 제출)

4) 기타 사항은 협의하여 진행한다.

(2) 예정된 일로 결석하는 경우

- 예비군 소집훈련
- 취업 면접.
- 본인이 선택한 사유는 공결에 해당 안 됨.

(3) 그밖에 특별한 사유 발생 시에는 담당교수가 수강생들과 협의하여 결정.

(4) 증빙 서류를 제출한 경우에만 적용됨.

3) 공결로 인한 발표 불참은 어떻게 하나?

(1) 예정된 공결 시에는 동영상을 사전에 제출하여 발표 시간에 상영.

(2) 갑작스러운 일로 인한 공결 시에는 담당교수가 수강생들과 협의하여 결정.

(3) 단, 개인 질병 등은 결석으로 처리함.

4) 지각과 결석의 구분은?

수업 시작 후 15분까지 출석하는 경우에만 지각 처리함. 그 이후 참석은 결석 처리.

5) 다른 수업 발표도 성적에 반영되는가?

다른 수업에서 자발적으로 발표 하는 경우 가산점을 줌. 다음 페이지의 발표 확인서를 제출해야 함. 다음 페이지 양식을 복사한 후 내용을 적어 제출.

6 말하기
- 어떻게 공부할 것인가?

1) 말하기 능력을 개선하겠다는 '간절함'과 '절박함'으로 무장하세요.

그래야 자기 주도형 학습이 가능해집니다.

2) 내게 꼭 맞는 학습목표를 세우세요.

사전 진단, 면담을 통해 자신에게 가장 필요한 부분을 학습 목표로 세우고 집중적으로 노력하세요.

3) 몸으로 직접 참여하고 체험하며 익히세요.

말하기는 수영 배우기, 운전 배우기와 마찬가지입니다. 이론보다 실습이 중요합니다.

4) 내 생각을 입(말하기)과 손(글쓰기)으로 표현하는 연습을 자주 하세요.

다른 사람의 생각을 눈(보기, 읽기)과 귀(듣기)로 받아들이는 학습방식을, 내 생각을 입(말하기)과 손(글쓰기)으로 표현하는 학습방식으로 바꿔보세요.

5) 수업에서는 물론이고 일상생활에서도 다른 사람을 만나고 대화하기를 즐겨하세요.

혼자 살아간다면 말하기는 필요 없습니다. 말하기는 혼자가 아니라 여럿이 함께 공부해야 합니다.

6) 수업 시간에 배운 방법을 일상생활에 적용하고 연습하세요.

1회 2시간 하는 교실 수업 시간은 1주일 중 1/84(1.19%)에 불과합니다. 즉 하루 17분씩 수업하는 셈입니다. 하루 17분씩 한 학기 동안 수업에 참여해봤자 말하기 역량은 크게 발전하기 어렵습니다. 특히 다른 수업때 청중 앞에서 말하고 발표하는 기회와 경험을 스스로 적극적으로 만들어 보세요.

7) 말할 기회가 생기면 놓치지 말고 적극 표현하세요.

시간, 기회, 말은 한 번 놓치면 다시 돌아오지 않습니다. "할까 말까 할 때에는 하자!"

발표 확인서

교양 교과목 '자신있게 말하기'에서는
수강 학생이 다른 수업 발표에 자발적으로 발표에 참여하도록 장려하고 있습니다.
단, 모든 학생이 의무적으로 참여하는 발표는 해당되지 않고,
본인이 자발적으로 발표에 참여하는 경우에만 가산점을 줍니다.
해당되는 경우, 학생을 많이 격려해주시고 다음 확인서에 서명해주십시오.

발표자 이름	
소속(학과)	
학번	
발표 교과목 이름	
발표 제목(주제)	
발표 일시	
발표 시간(분) **(3분 이상만 해당)**	

위의 학생이 자발적으로 발표에 참여했음을 확인합니다.

교수명(연락처):

확인 서명:

TO: 교양대학 자신있게 말하기 담당 교수

7 종이 이메일 쓰기

종이 이메일은 지도교수와 학습자가 매주 주고받는 편지입니다. 수업 시작할 때 용지를 지도교수가 나눠주면 수업 시간 중 적당한 시간에 수업 소감이나 어려운 점, 질문 등을 기록해서 수업을 마치고 나갈 때 제출합니다. 지도교수는 그에 대한 답을 적어 그 다음 주에 다시 나눠주는 식으로 한 학기 내내 진행합니다. '종이 이메일'은 마치 이메일처럼 지도교수와 학습자가 쌍방 소통할 수 있는 좋은 도구입니다. 잘 활용하시기 바랍니다.

종이 이메일에는 사전 진단을 통해 도출한 학습목표와 자기 암시문을 기록하는 난이 있습니다. 이를 통해 학습자는 매주 자신의 학습목표를 확인하며 목표 달성을 위해 관심을 가질 수 있습니다.

종이 이메일

조:	소속학과:	학년:	성명:	전화번호:
학습 목표				
나의 자기 암시문				

주차, 월일		To Mentor	To Mentee
1			
2			
3			
4			
5			
6			
7			
8			
9			
10			
11			
12			
13			
14			
15			

※실제 용지는 세로 칸을 늘여 3~4페이지 1세트로 합니다.
※학기말에 그동안의 종이 이메일을 복사하여 교수와 학생이 나눠 가지면 좋습니다.

8 자기주도 학습 (KOCW)

우리나라 각급 학교의 수업은 대부분 교수자 주도로 진행됩니다. 교수자 주도형 수업에서는 모든 답을 교사가 갖고 있습니다. 그래서 일방적이고 수동적이고 주입식이고 강의식으로 진행됩니다. 수업의 주도권을 교수자가 쥐면 학습자는 수업의 구경꾼으로 전락하게 됩니다. 학습자가 이런 수업에 길들여지면 대학생이나 성인이 되어서도 문제 해결력이 약해지고 스스로 학습을 하지 못하는 됩니다. 우리나라 고등학생 대다수가 학원 교사에 의존하여 대학입시를 준비하기 때문에 대학생들의 자기 주도학습 능력은 매우 취약한 편입니다.

이를 보완하기 위해 최근 '거꾸로 학습법(Flipped Learning)'이 확산되고 있습니다. 이는 수업에 참여하기 전에 수업 내용을 학습자가 스스로 공부해오고, 수업 시간에는 교수나 동료들과 그에 대한 토의나 실습을 하는 방식입니다.

이 수업에서도 동영상 강의를 미리 수강하며 말하기 방법을 알아온 후, 수업 시간에는 그걸 토대로 실습을 하는 방식을 취하고 있습니다. 문제는 수업 준비를 안 하고 수업에 참여하는 학생들입니다. 그래서 동영상 시청 후 주어진 문제를 풀어보도록 학습과제를 내주고 있습니다. 성공적인 학습성과를 간절히 원한다면, 동영상 강좌를 반드시 시청하고, 과제를 풀어본 후 수업에 참여하기 바랍니다.

KOCW(Korea Open Course Ware)는 대학에서 실제로 진행되는 강의를 온라인을 통해 누구나 청강할 수 있는 지식 나눔 프로그램입니다. 이 사이트(www.kocw.net)에는 국민대학교의 '자신있게 말하기(이의용교수)' 수업 동영상 80분짜리 12개 강좌가 탑재되어 있습니다.

- 검색어: '자신있게 말하기'

공지사항
KOCW
강의분류
공지사항
KOCW란?
자신있게 말하기
인문과학
사회과학
공학
자연과학
교육학
의약학
예술체육
Lectures in English

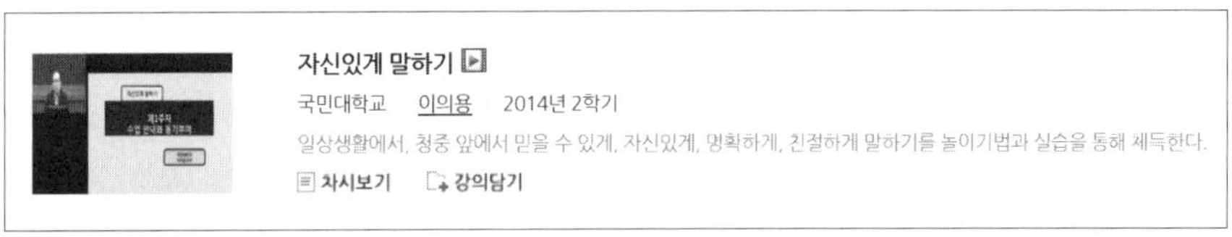
자신있게 말하기
국민대학교 이의용 2014년 2학기
일상생활에서, 청중 앞에서 믿을 수 있게, 자신있게, 명확하게, 친절하게 말하기를 놀이기법과 실습을 통해 체득한다.
차시보기
강의담기

다음 리스트를 참고하여 해당되는 강좌를 시청한 후 수업에 참여하거나 해당 과제를 풀어보기 바랍니다. 특히 자신의 학습목표와 관련있는 주제 강의를 시청해보면 유익할 것입니다.

주차	주제	내용[5]
1	수업 안내와 동기부여	강사 소개
		1. 수업 안내
		2. 사진으로 보는 자신있게 말하기 수업
2	말하기	1. 말하기란?
		2. 왜 말하기인가?
		3. 말하기 3요소 1) 메시지 2) 자신감 3) 표현기술
3~4	말하기와 커뮤니케이션	1. 커뮤니케이션이란?
		2. 왜 커뮤니케이션인가?
		3. 커뮤니케이션 효과와 벽
		4. 커뮤니케이션 능력
5	말하기의 열쇠 – (1) 자신감	1. 진단
		2. 발표 불안증
		3. 왜 자신감이 없나?(발표불안증의 원인)
		4. 자신감 회복하기
6	말하기의 열쇠 – (2) 명확한 대본 만들기	1. 핵심 주제 잡기
		2. 재료의 수집과 분류
		3. 구성
		4. 문서화(대본) 1) 대본 문서화 3원칙 2) 대본 카드 만들기

5) 회색으로 칠한 부분은 과제 해당 부분임.

주차	주제	내용
7~8	말하기의 열쇠 – (3) 명확한 목소리	1. 호흡
		2. 발성
		3. 조음
		4. 목소리 공식
		5. 말하기 연습
9	말하기의 열쇠 – (4) 효과적인 시각 표현	1. 왜 시각적 표현인가?
		2. 효과적인 시각적 표현방법
		3. 마무리
10	말하기의 열쇠 – (5) 친절하게 말하기	1. 반갑습니다
		2. 미안합니다
		3. 고맙습니다
		4. 잘 했습니다
11	말하기의 열쇠 – (6) 믿을 수 있게 말하기	1. 남을 믿어라
		2. 남이 믿게 하라
12	총정리	1. '말하기'를 말한다
		2. 소통의 법칙
		3. 실패어 9
		4. 말하기 12계명
		5. 동영상 감상 1) 수업 소감 발표 2) 길거리 스피치 발표 3) 열정콘서트 발표

자신있게 말하기
Correct Easy Simple
합리적으로 생각하라
반갑습니다 미안합니다
고맙습니다 잘 했습니다
믿을 수 있게 친절하게 공감하게 떨림에서 설렘으로
명확하게 자신있게
경험이 보약이다
제가 하겠습니다

제1주차
개강·수업안내

오늘의 수업

순서	주제	分	내용
1	오프닝	10	1) 담당교수 인사 2) 창조적인 출석 체크(재치있게 답하기)[6]
2	수업 안내	35	앞 부분 수업 안내 참조
3	말 문 열기	15	그 사람을 찾으세요-학습자료 참조
4.	조 편성	20	1) 조 편성, 조장 선출 2) 카톡방 개설
5	침묵 스피치	5	청중 앞에 나와 30초간 청중 바라보기 1) 바라보기 2) 인사, 바라보기, 인사 3) 인사, 자기 암시문, 인사
6	클로징	5	1) 종이 이메일 쓰기 2) 수업 구호 외치기 "믿자명친!" 3) 큰 소리로 인사 나누며 헤어지기

6) 오늘 고마운 일(사람), 동료들에게 멋지게 인사 한 마디, 나의 자기 암시문, 말하기는 (　　)이다, 빨리 고치고 싶은 나의 말하기 버릇 하나, 무인도 갈 때 갖고 싶은 것 3가지, 지금 내 머리 속의 생각 하나는? 지금 나의 감정 상태를 한 단어로 말한다면?, 나는 (　　)를 만나 (　　)을 묻고 싶다, 붕어빵 어디부터 먹나?, 오늘 주장하고 싶은 것, 오늘 다른 사람들에게 설득하고 싶은 것, 차 한 잔 사주고 싶은 낯선 동료, 나의 말하기 연습 방법, 이번 학기 발표력이 가장 성장한 우리 조원

학습 자료

01 그 사람을 찾으세요.

다음 특징에 어울리는 사람을 만나 인사를 나누고 서명을 받으세요.	
특징	소속학과, 학년, 이름
✔ 오늘 패션 센스가 가장 돋보이네요.	
✔ 게임 캐릭터로 가장 어울릴 것 같아요.	
✔ 앗! 손담비의 느낌이?	
✔ 팀플 하면 모든 과제 혼자 해줄 것 같은 사람	
✔ 남자친구 박보검과 어울릴 것 같은 여성?	
✔ 나래바처럼 집에 친구들을 불러 즐겁게 해줄 것 같아요	
✔ 동물 기르는 것 좋아할 것 같아요.	
✔ 오늘 반난 사람 중 가장 친절한 분이십니다.	
✔ 5만원 빌려 달라 하면 절대 거절 안할 것 같아요.	
✔ 언제 커피 한 잔 해요.	
✔ 혹시 모델 활동 하세요?	
✔ 아는 형님에 전학 가서 기죽지 않고 끼를 발휘해 입학할 것 같아요	
✔ 방탄 아미 활동을 할 것 같아요.	
✔ 차은우 같은 얼굴 천재!	
✔ 혹시 배우 손예진 씨 동생?	
✔ 1인 방송을 하면 인기 좋을 것 같아요	
✔ 드라마 스카이 캐슬에 '우주'처럼 사교육 안 하고도, 공부도 잘 하고 인성도 좋을 것 같은 사람	
✔ 드라마 스카이 캐슬 '예서'처럼 멘탈이 강할 것 같은 사람	
✔ 책을 많이 볼 것 같은 사람	
✔ 친구가 많을 것 같은 사람	
✔ 수업에 절대 지각하지 않을 것 같은 사람	
✔ 연애를 잘 할 것 같은 사람	
✔ 힙합 복장이 어울릴 것 같은 사람	
✔ 나플라(쇼미더머니 우승자 래퍼)처럼 랩을 잘 할 것 같은 사람	
✔ 지코와 듀엣을 하면 어울릴 것 같은 사람	
✔ 우리 전에 한번 만난 적 있나요? 인상이 좋아서....	

맑음
교육학과
11학번

박가람
마지못해 사는인생
죽지못해 사는 삶...
이제 버리고
박가람

이 루고 싶은 꿈이 있습니다
승 패를 두려워하진 않을겁니다
현 재 할수 있는 최선을 다 할꺼예요!

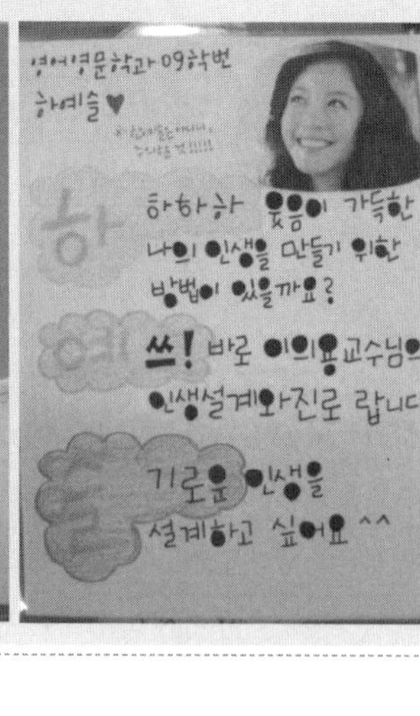

영어영문학과 09학번
하예슬♥
하 하하하 웃음이 가득한
나의 인생을 만들기 위한
방법이 있을까요?
쓰! 바로 이의용교수님의
인생설계와진로 랍니다
기로운 인생을
설계하고 싶어요 ^^

02 Team Building

1) 조 편성

(1) 5명 1조

(2) 잘 아는 사람보다 낯선 사람을 만나는 것이 학습활동에 더 좋아요.

2) 좌석 정리

모둠식 U자형

3) 인사, 네트워킹

조 이름		조장	
이름	학과, 학년	연락처	기타

4) 카톡방(조, 전체) 만들기

03 종이 이메일 쓰기

04 다음 시간 준비물

1) 교재

2) 명찰

05 수업 구호

"믿을 수 있게!" "자신있게!" "명확하게!" "친절하게!"

자신있게 말하기
Correct Easy Simple
합리적으로 생각하라
반갑습니다 미안합니다
고맙습니다 잘 했습니다
믿을 수 있게 친절하게 공감하게 떨림에서 설렘으로
명확하게 자신있게
경험이 보약이다
제가 하겠습니다

제2주차
말하기 연습
- 진단 · Confidence

오늘의 수업

순서	주제	分	내용
1	오프닝	10	1) 큰 소리로 인사하며 만나기 2) 창조적인 출석 체크(재치있게 답하기[7]) 3) 수업 구호 외치기("믿자명친!")[8]
2	말 문 열기	10	1) 조별로 눈치게임[9], 접어게임[10] 2) 낯선 동료 만나서 ① 하이5 ② 거울놀이[11] ③ 먼저 웃으면 진다[12] ④ 파안대소 셀카 촬영[13]
3	놀이활동	10	1) 좋아 박수[14] 2) 반미고잘 놀이[15] 3) 폰 스토리텔링[16] 4) 카드 스토리텔링[17] ※놀이활동을 통해 말하기에 기본이 되는 여러 기술을 익힐 수 있다.
4	자기주도학습	20	1) 명찰 만들기[18] 2) 사전진단, 학습목표, 암시문
휴식			
5	Talk, Talk!	15	1) 동영상 감상–학습 자료 참고 2) 주제 토의–학습 자료 참조
6	오늘의 말하기 연습	25	※ 학습 자료 참고
7	침묵 스피치	5	청중 앞에 나와 30초간 청중 바라보기 1) 바라보기 2) 인사, 바라보기, 인사 3) 인사, 자기 암시문, 인사
8	클로징	5	1) 종이 이메일 쓰기 2) 수업 구호 외치기 "믿자명친!" 3) 큰 소리로 인사 나누며 헤어지기

7) 오늘 고마운 일(사람), 동료들에게 멋지게 인사 한 마디, 나의 자기 암시문, 말하기는 (　　)이다, 빨리 고치고 싶은 나의 말하기 버릇 하나, 무인도 갈 때 갖고 싶은 것 3가지, 지금 내 머리 속의 생각 하나는? 지금 나의 감정 상태를 한 단어로 말한다면?, 나는 (　　)를 만나 (　　)을 묻고 싶다, 붕어빵 어디부터 먹나?, 오늘 주장하고 싶은 것, 오늘 다른 사람들에게 설득하고 싶은 것, 차 한 잔 사주고 싶은 낯선 동료, 나의 말하기 연습 방법, 이번 학기 발표력이 가장 성장한 우리 조원

8) "믿자명친":"믿을 수 있게!", "자신있게!", "명확하게!", "친절하게!"

9) 눈치게임:"하나, 둘,..." 외치며 빨리 일어나기. 가장 늦게, 동시에 일어나는 사람 ?1점. –5점 되면 책상 위에 엎드려 인디언 밥!

10) 접어게임:"조원들이 모두 일어서서 손가락을 편다. 한 사람씩 돌아가면서 "안경 쓴 사람 접어!" 하면, 해당자는 손가락을 접는다. 손가락 5개 접으면 책상 위에 엎드려 인디언 밥!

11) 거울놀이:한 사람은 거울 앞에 선 사람, 다른 한 사람은 거울 속에 비친 사람. 거울 앞에 선 사람의 다양한 동작을 거울 속의 사람이 똑같이 따라 한다. 30초씩 교대로.

12) 먼저 웃으면 진다:서로 마주 바라본다. 먼저 웃으면 진다. 3회.

13) 파안대소 셀카촬영:둘이 함께 환하게 웃으며 촬영 후, 카독방에 게시한다.

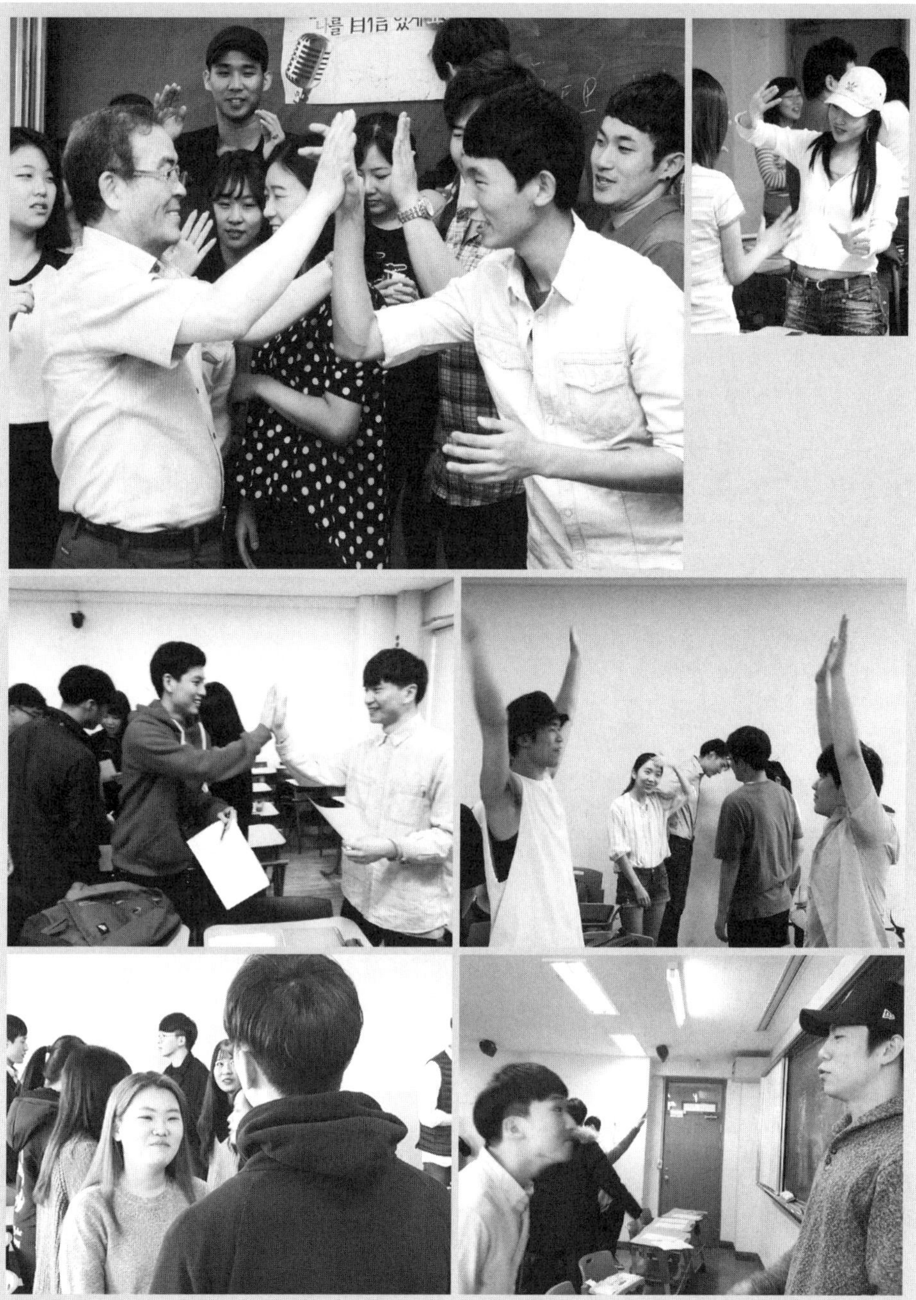

14) 좋아 박수:"나는내가정말좋아"를 외치며 발음 사이에 박수 치기. "나V는V내V가V정V말V좋V아V나는VV내가VV정말VV좋아VV나는내가VVVV, ... 좋다VVVVVVVVV"
15) 반미고잘 놀이:여럿이 둘러서서 한 사람이 옆 사람 바라보며 큰 소리로 "반갑습니다" 하면 인사받은 사람도 다른 사람 바라보며 "반갑습니다". 계속 해서 "미안합니다", "고맙습니다", "잘 했습니다"
16) 폰 스토리텔링:스마트폰에 저장된 사진 1장 보여주며 30초간 이야기하기.
17) 카드 스토리텔링:단어가 적힌 카드 한 장씩 뒤집으며 그 단어 이용해서 이야기 이어가기.
18) 명찰:이름 3행시, 자기 암시문, 내 키워드 등으로 개성있게 만들어 수업 때마다 단다.

나를 自信 있게

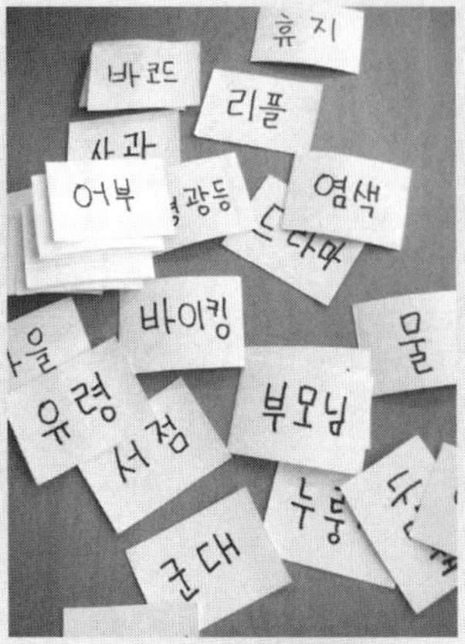
휴지
바코드
리플
사과
어부
염색
바이킹
물
유령
부모님
서점
군대

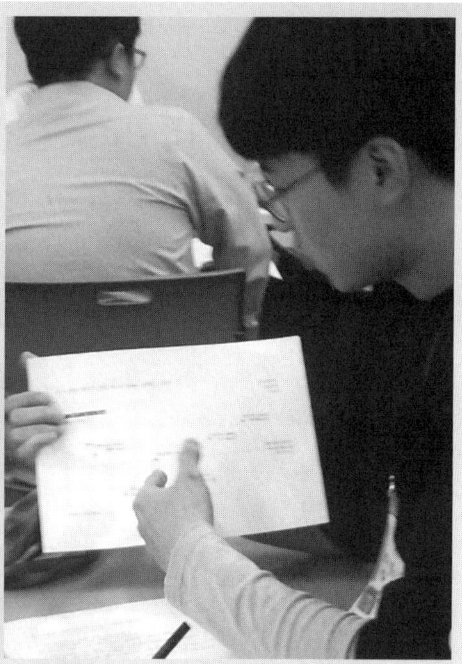

학습 자료

01 자기주도학습-사전 진단

1) 이 진단은 학기초와 학기말에 각각 실시한 후 변화를 비교해보기 위한 것입니다.

2) 먼저, 학기초에 문제를 잘 읽어본 후 자신에게 해당되는 문항 수가 몇 개인지 기록하세요.

<table>
<tr><th rowspan="2">구분</th><th rowspan="2">진단 문제</th><th colspan="2">해당 문항 수</th></tr>
<tr><th>사전</th><th>사후</th></tr>
<tr><td rowspan="3">1-1
약점
노출
두려움</td><td>1. 나는 발표를 생각만 해도 긴장된다.
2. 괜히 발표에 나서 잘못하느니, 가능하면 발표를 피하고 싶다.
3. 나는 청중이 나를 잘 알게 될까봐 염려가 된다.
4. 나는 발표 시 청중이 질문을 해올까봐 염려가 된다.
5. 청중은 내가 긴장하고 있음을 잘 알고 있을 것 같다.
6. 발표를 할 때, 나의 얼굴표정이나 신체 특징, 목소리 등이 청중에게 노출되는 것이 부담스럽다.
7. 발표할 때 모든 사람들이 나만 쳐다보는 것 같아 신경이 곤두선다.
8. 발표할 때 시선, 표정, 손, 몸가짐을 어떻게 해야 할지 모르겠다.</td><td></td><td></td></tr>
<tr><td rowspan="2">평가
• 해당 문항이 3개 이하면 '보통 불안 상태'이다. 염려하지 않아도 된다. 누구나 그 정도는 염려를 한다.
• 해당 문항이 4~5개이면 '불안한 편'이다. 그러나 이 정도는 쉽게 극복할 수 있다.
• 해당 문항이 6개 이상이면 '매우 불안한 상태'이다. 다양한 연습을 통해 '보통 불안 상태' 상태로 낮춰야 한다.</td><td>OK</td><td>OK</td></tr>
<tr><td>Not OK</td><td>Not OK</td></tr>
<tr><td rowspan="3">1-2
실패
두려움</td><td>1. 발표를 앞두고, 나는 내가 실수를 할까봐 불안하다.
2. 발표를 앞두고, 나는 할 말을 잊어버릴까봐 걱정이다.
3. 청중이 나의 발표를 어떻게 생각할지 걱정이다.
4. 발표를 앞두고, 나는 청중의 질문에 답하지 못할까봐 걱정이다.
5. 발표할 때 청중이 나에 대해 부정적 반응을 보일까봐 염려가 된다.
6. 발표 중 청중이 나를 비웃을까봐 걱정이다.</td><td></td><td></td></tr>
<tr><td rowspan="2">평가
• 해당 문항이 2개 이하이면 '보통 불안 상태'이다. 염려하지 않아도 된다. 누구나 발표를 앞두고 그 정도는 불안해한다.
• 해당 문항이 3~4개이면 '불안한 편'이다. 그러나 이 정도는 쉽게 극복할 수 있다.
• 해당 문항이 5개 이상이면 '매우 불안한 상태'이다. 다양한 연습을 통해 '보통 불안 상태' 상태로 낮춰야 한다.</td><td>OK</td><td>OK</td></tr>
<tr><td>Not OK</td><td>Not OK</td></tr>
</table>

3) 바로 아래 칸의 평가와 해설을 읽어본 후 현재의 상태가 OK인지, Not OK인지를 평가하세요(○표).

4) 학기말(14주차)에도 같은 방식으로 평가를 한 후 비교해보세요.

<table>
<tr><th rowspan="2">구분</th><th rowspan="2">진단 문제</th><th colspan="2">해당 문항 수</th></tr>
<tr><th>사전</th><th>사후</th></tr>
<tr><td rowspan="3">1-3
불안
증상</td><td>나는 발표 전, 발표 중, 발표 후 다음과 같은 증상이 나타난다.
1. 땀이 난다. 얼굴이 붉어진다.
2. 심장 박동이 빨라진다.
3. 입이 마른다.
4. 목소리가 작아진다. 목소리가 떨린다.
5. 손이 떨린다.
6. 몸이 굳어지고 말이나 행동을 머뭇거린다.
7. 현기증이 난다
8. 말 수가 적어진다. 말을 더듬거린다.
9. 다른 사람과 시선을 접촉하기가 싫어진다.
10. 발표를 앞두고 잠이 오질 않는다.</td><td></td><td></td></tr>
<tr><td rowspan="2">평가
• 해당 문항이 3개 이하면 '보통 불안 상태'이다. 염려하지 않아도 된다. 누구나 그 정도는 염려를 한다.
• 해당 문항이 4~5개이면 '불안한 편'이다. 그러나 이 정도는 쉽게 극복할 수 있다.
• 해당 문항이 6개 이상이면 '매우 불안한 상태'이다. 실제로 그러한 증상이 있는지 정확히 관찰해보며, 다양한 연습을 통해 불안 상태를 한 단계 낮춰야 한다.</td><td>OK</td><td>OK</td></tr>
<tr><td>Not OK</td><td>Not OK</td></tr>
<tr><td rowspan="3">1-4
나
신뢰</td><td>1. 나는 나를 좋아하지 않으며 내가 유능하다고 생각하지 않는다.
2. 나는 여러 사람 앞에서 발표를 잘 할 수 없을 것 같다.
3. 발표를 하고 나면, 더 잘 하지 못한 게 늘 후회스럽다.
4. 평소 혼자서 잘 되던 것이 다른 사람 앞에서는 잘 안 된다.
5. 어떤 일을 앞두고 있을 때 꼭 실패할 것 같은 예감이 든다.
6. 나는 발표를 잘 하는 친구들을 보면 부럽다.
7. 말하기를 내 기대만큼 못하는 건 내 자신의 무능함 때문이다.
8. 나는 발표를 잘 하지 못하는 내가 원망스럽다.
9. 나는 내가 다른 사람이었으면 하고 생각할 때가 있다.
10. 나는 아무리 생각해도 내가 발표를 잘 할 수 있을 것 같지 않다.</td><td></td><td></td></tr>
<tr><td rowspan="2">평가
• 해당 문항이 2개 이하이면 '보통 불안 상태'이다. 염려하지 않아도 된다. 누구나 발표를 앞두고 그 정도는 불안해한다.
• 해당 문항이 3~4개이면 '불안한 편'이다. 그러나 이 정도는 쉽게 극복할 수 있다.
• 해당 문항이 5개 이상이면 '매우 불안한 상태'이다. 다양한 연습을 통해 '보통 불안 상태' 상태로 낮춰야 한다.</td><td>OK</td><td>OK</td></tr>
<tr><td>Not OK</td><td>Not OK</td></tr>
</table>

<table>
<tr><th rowspan="2">구분</th><th rowspan="2">진단 문제</th><th colspan="2">해당 문항 수</th></tr>
<tr><th>사전</th><th>사후</th></tr>
<tr><td rowspan="3">1-5
합리적
인식</td><td>1. 나는 항상 발표를 잘 해서 청중으로부터 칭찬이나 인정을 꼭 받고 싶다.
2. 내가 발표에 실패하면 청중들이 나를 비웃을지도 모른다.
3. 발표를 마치고 나면 남들에게 내가 어떻게 보였고, 어떻게 평가되었을지 염려가 된다.
4. 나는 평생 발표를 하지 않고 살고 싶다.
5. 발표에 실패하는 건 전적으로 내 능력이 부족해서다.
6. 발표를 위해 열심히 준비했다면, 당연히 발표에 성공해야 한다.
7. 이 발표에 실패하면 나는 이제 끝장이라는 생각으로 발표에 임한다.
8. 청중은 나의 발표를 적극적으로 집중해서 들어줘야만 한다.
9. 나는 다른 사람이 나의 약점(결점)을 알게 될까봐 걱정이 된다.
10. 발표에 실패하는 건 부끄러운 일이다.</td><td></td><td></td></tr>
<tr><td rowspan="2">평가
• 해당 문항이 2개 이하이면 '보통 생각'이다. 염려하지 않아도 된다.
누구나 발표를 앞두고 그런 생각을 할 수 있다.
• 그러나 해당 문항이 3개 이상이면 '매우 비합리적인 생각'이다.
비합리적인 생각을 바꿔야 불안증을 해소할 수 있다.</td><td>OK</td><td>OK</td></tr>
<tr><td>Not OK</td><td>Not OK</td></tr>
<tr><td rowspan="3">2
콘텐츠</td><td>1. 여러 사람 앞에 나서면 별로 할 말이 없다.
2. 여러 사람 앞에 서면 앞이 캄캄해지고 아무 생각이 나질 않는다.
3. 여러 사람 앞에 서면 빨리 끝내고 들어가고 싶은 마음뿐이다.
4. 나는 발표를 마친 후에는 무엇을 어떻게 말했는지 아무 생각이 나질 않는다.</td><td></td><td></td></tr>
<tr><td rowspan="2">평가
• 문항이 1개 이상이라도 해당된다면 말하기의 발전 가능성은 전혀 없다. 할 말이 없으면 말을 잘 할 수 없다. 평소 말할 거리를 생각하고 준비하는 습관을 가져야 한다.</td><td>OK</td><td>OK</td></tr>
<tr><td>Not OK</td><td>Not OK</td></tr>
<tr><td rowspan="3">3-1
발표문</td><td>1. 나는 발표 시 정확하게 표현하려 애를 쓴다.
2. 나는 발표 시 간결하게 표현하려 애를 쓴다.
3. 나는 발표 시 쉽게 표현하려 애를 쓴다.
4. 나는 발표 시 논리적으로, 체계적으로 표현하려 애를 쓴다.
5. 나는 발표 시 청중에 맞춰서 발표 내용과 방법을 구상한다.
6. 나는 발표를 하다가 적당한 어휘가 생각나지 않아 말문이 막히는 일은 없다.
7. 나는 발표를 할 때 막히지 않고 계속해서 이야기를 이어갈 수 있다.
8. 나는 비속어나 은어를 사용하지 않는다.</td><td></td><td></td></tr>
<tr><td rowspan="2">평가
• 문항이 2개 이상만 해당된다면, 시간이 지남에 따라 다른 항목도 점점 발전할 수 있다.</td><td>OK</td><td>OK</td></tr>
<tr><td>Not OK</td><td>Not OK</td></tr>
</table>

<table>
<tr><th rowspan="2">구분</th><th rowspan="2">진단 문제</th><th colspan="2">해당 문항 수</th></tr>
<tr><th>사전</th><th>사후</th></tr>
<tr><td rowspan="2">3-2
호흡,
발성,
발음</td><td>1. 나는 공식적인 자리에서 발표할 때 호흡이 짧아 고생하지는 않는다.
2. 나는 발표 시 다른 사람이 이해하기 쉽게 또박또박 바른 발음으로 말할 수 있다.
3. 나는 발표 시 다른 사람이 이해하기 쉽게 적당히 끊어서 말할 수 있다.
4. 나는 발표 시 다른 사람이 이해하기 쉽게 말하려는 내용에 맞는 톤으로 말할 수 있다.
5. 나는 발표 시 다른 사람에게 호감을 주는 맑은 목소리를 낼 수 있다.
6. 나는 발표 시 다른 사람이 이해하기 쉽게 목소리의 높낮이, 빠르기, 크기 등을 적절히 구사할 수 있다.</td><td></td><td></td></tr>
<tr><td>평가
• 문항이 2개 이상만 해당된다면, 시간이 지남에 따라 다른 항목도 점점 발전할 수 있다.</td><td>OK
Not OK</td><td>OK
Not OK</td></tr>
<tr><td rowspan="2">3-3
행동
언어</td><td>1. 나는 발표 시 청중을 바라보면서 말할 수 있다.
2. 나는 발표시 발표문에 의존하지 않고 이야기하듯 말할 수 있다.
3. 나는 발표 시 전하는 내용에 맞춰 표정을 지어가며 말할 수 있다.
4. 나는 다른 사람으로부터 인상이 좋다. 표정이 좋다는 이야기를 자주 듣는다.
5. 나는 발표 시 전하는 내용에 맞게 손짓이나 몸짓을 해가며 말할 수 있다.
6. 나는 발표 시 마이크나 영상도구 등 발표 도구를 효과적으로 활용할 수 있다.</td><td></td><td></td></tr>
<tr><td>평가
• 문항이 2개 이상만 해당된다면, 시간이 지남에 따라 다른 항목도 점점 발전할 수 있다.</td><td>OK
Not OK</td><td>OK
Not OK</td></tr>
<tr><td rowspan="2">4
경험</td><td>1. 여러 사람 앞에서 이야기를 해본 적이 별로 없다.
2. 수업 중 질문을 거의 하지 않는 편이다.
3. 여러 사람 앞에서 말하다가 심각하게 실패해본 충격이 있다.
4. 발표 시 옛날 실패했던 발표 경험이 영향을 준다.
5. 가급적 여러 사람 앞에서 말하고 싶지 않다.
6. 여러 사람 앞에서 말한 것을 녹음하거나 녹화하여 다시 본 적이 별로 없다.</td><td></td><td></td></tr>
<tr><td>평가
• 문항이 1개 이상이라도 해당된다면, 현재의 상태로는 발전 가능성이 거의 없다.
• 기회가 날 때마다 다른 사람 앞에서 말을 해보려고 노력해야 한다.</td><td>OK
Not OK</td><td>OK
Not OK</td></tr>
<tr><td>5.
리허설</td><td>1. 나는 발표를 앞두고 시간을 갖고 충분히 준비를 하는 편이다.
2. 나는 발표 연습을 할 때 발표장과 똑같은 상황에서 해본다.
3. 나는 발표를 앞두고 가상의 청중을 두고 발표를 한다.
4. 나는 발표 연습을 할 때 실제 발표 시간을 재본다.
5. 나는 발표 연습 때 반드시 녹음이나 녹화를 해서 다시 듣고 보면서 개선을 한다.
6. 나는 발표 당일에 미리 와서 충분히 준비한다.
7. 나는 발표장면을 녹음이나 녹화를 해서 다시 듣고 보면서 개선 방안을 스스로 모색하는 편이다.</td><td></td><td></td></tr>
</table>

<table>
<tr><th rowspan="2">구분</th><th rowspan="2">진단 문제</th><th colspan="2">해당 문항 수</th></tr>
<tr><th>사전</th><th>사후</th></tr>
<tr><td rowspan="2">5.
리허설</td><td rowspan="2">평가
• 문항이 3개 이상 해당된다면, 발전 가능성이 매우 높다.
• 반면에 1개도 해당되지 않는다면 실패할 가능성이 매우 높다.
• 준비를 하지 않는 것은 실패를 준비하는 것이다. 자신감은 충분한 준비가 만들어준다.</td><td>OK</td><td>OK</td></tr>
<tr><td>Not OK</td><td>Not OK</td></tr>
<tr><td rowspan="3">6-1
일상의
연습</td><td>1. 나는 평소 여러 사람 앞에서 말하는 걸 즐긴다.
2. 나는 평소 말을 잘 하기 위해 필요한 자료를 스크랩한다.
3. 나는 평소 일기 쓰기나 메모를 한다.
4. 나는 평소 독서를 좋아한다.
5. 나는 평소 다른 사람의 강연이나 발표 장면을 자주 보며 배우려 한다.
6. 나는 평소 다른 사람들과 인사를 적극 나누는 편이다.
7. 나는 평소 다른 사람들과 농담이나 유머 나누는 걸 좋아한다.
8. 나는 평소 다른 사람들과 어울리는 걸 좋아한다.</td><td></td><td></td></tr>
<tr><td rowspan="2">평가
• 발표 직전의 준비보다 중요한 것은 평소 일상에서 말하기를 즐기고 연습하는 것이다.
• 문항이 1개라도 해당된다면, 머지않아 말을 잘 할 수 있게 될 것이다.</td><td>OK</td><td>OK</td></tr>
<tr><td>Not OK</td><td>Not OK</td></tr>
<tr><td rowspan="3">6-2
신뢰성</td><td>1. 나는 다른 사람들과의 약속을 잘 지킨다.
2. 나는 평소 다른 사람들로부터 믿음직하다는 소리를 듣는다.
3. 나는 내가 한 말은 책임지고 실행한다.
4. 주위 사람들은 내 말을 잘 믿어준다.
5. 다른 사람들은 특정한 상황에서 내가 어떤 행동을 할지 예측을 할 수 있다.</td><td></td><td></td></tr>
<tr><td rowspan="2">평가
• 문항이 1개 이상이라도 해당된다면, 말하기는 크게 발전할 수 있다.
• 말하기는 기술이 아니라 상대방에 대한 태도요, 진정성이다.</td><td>OK</td><td>OK</td></tr>
<tr><td>Not OK</td><td>Not OK</td></tr>
<tr><td rowspan="3">6-3
호감성</td><td>1. 나는 평소 다른 사람들로부터 친절하다는 소리를 듣는다.
2. 나는 그때그때 기분에 따라 행동하지 않는다.(일관성)
3. 나는 다른 사람을 보면 반갑게 인사를 한다.
4. 나는 상대방에게 잘못했을 경우 반드시 미안하다며 사과를 한다.
5. 나는 다른 사람에게 고마움을 표현한다.
6. 나는 다른 사람이 잘 했을 경우 인정하고 칭찬하고 격려한다.
7. 나는 가급적 다른 사람에게 화를 내지 않는다.
8. 나는 다른 사람에게 폐를 끼치지 않으며 예절을 잘 지킨다.
9. 나는 상대방과의 대화를 독점하지 않는다. 말할 기회(시간)를 상대방과 적절히 나눈다.</td><td></td><td></td></tr>
<tr><td rowspan="2">평가
• 문항이 2개 이상이라도 해당된다면, 말하기는 크게 발전할 수 있다.</td><td>OK</td><td>OK</td></tr>
<tr><td>Not OK</td><td>Not OK</td></tr>
</table>

02 학습목표 세우기

위 사전진단에서 Not OK로 평가된 항목을 참고하여, 이번 학기 나의 학습목표를 정하세요.

우선 순위	학습 목표(무엇을, 언제까지, 어떻게, 어느 수준까지)
1	
2	
3	
4	
5	

03 나의 암시문 만들기

1) 아래 빈 반에 자기 암시문을 적으세요. (1개)

2) 자기 암시문을 촬영해서 카톡방에 게시하고, 종이 이메일과 명찰에도 기록합시다.

"내가 나간다!", "나는 잘 할 수 있다!", "괜찮아!", "고마워!", "잘 했어!", "점점 나아지고 있다!", "마음 먹기 나름이다!", "생각하기 나름이다!", "떨지 말고 설레자!", "할까 말까 할 때에는 하자!", "내 생각이 답이다!", "내가 원본이다!", "경험이 보약이다!", "남들이 나를 어떻게 생각할 것인가 보다 중요한 건 내가 나를 어떻게 생각하느냐다!", "남과 나를 비교하지 말고 어제의 나와 오늘의 나를 비교하자!", "청중을 믿자!", "민망해도 말하자!", 수업마다 한 번은 말하자!" "청중을 믿자!", "처음 3분을 잘 버티자!", "내 스타일대로 말하자!", "대본을 찢어버리자!", "시간(시각)을 지키자!", "평소 좋은 청중이 되자!", "제가 하겠습니다!", "질문 있습니다!", "나는 내가 정말 좋아!"

04 Talk, Talk

1) 동영상 감상

2) 토의

(1) 대학생들은 왜 청중 앞에서 말을 잘 하지 못할까? 내게 해당되는 증상이 어떤 것인지 체크해보고 나에게 맞는 개선방안을 찾아보자.

원인	증상	개선 방안
할 말이 없다. (Message)	무슨 말을 해야 할지 생각이 떠오르지 않는다.	• 내 생각이 없어서다. 남의 생각을 그대로 외우지 말고 내 생각을 만들라. 내 생각이 답이다.
		• 대화할 때 상대방보다 조금 더 길게 성의있게 대답하라.(短問長答)
		• 말하려는 주제에 관한 책을 읽으며 공감하는 내용을 정리하라. • 관심있는 주제에 관해 일기를 쓰거나 메모를 하면서 아이디어를 찾아내라. • 인터넷 검색만 하지 말고 사색을 하라. • 관심있는 주제에 대해 주변 사람들과 이야기를 나눠봐라. 듣지만 말고 내 생각을 말해보라.
		• 여행, 영화 감상 등 실제 체험을 해보고 거기서 내가 느끼고(feel) 배우고(learn) 하고 싶은(do) 내용을 정리하는 습관을 가져라.
		• 평소 관심있는 주제로 설명, 주장, 설득 Fishbone을 만들어보라.
청중 앞에 서면 자신이 없다. (Confidence)	자신이 없다.	• 준비가 부족해서다. 준비하면 목소리와 눈빛이 달라진다. • 초보 운전자는 처음에는 힘들고 불안하다. • 매사를 합리적으로 생각하라. 나만 그렇게 생각하는 게 비합리적인 것이다.
	청중이 두렵다.	• 평소 다른 사람에게 먼저 말을 걸어라. • 누구를 만나도 친절한 미소로 인사를 나눠라. • 인사, 감사, 사과, 격려(응원)의 말을 자주 하라. • 주변 사람에게 유머를 말해보라. • 발표 전에 청중과 이야기를 나누고, 시작할 때 그를 바라보면서 하라. • 내가 청중일 때 발표자를 어떤 시각으로 바라보는지 역지사지해보라. 두려워할 이유가 없다.

원인	증상	개선 방안
	신체적 변화가 온다. (떨림, 얼굴 달아오름 등)	• 청중은 그걸 잘 알지 못한다. • 실제 그런 것과 그렇게 느끼는 것은 다를 수 있다. 객관적으로 관찰해보라. 실제로 그런지. • 떨리는 건 설레는 것일 수도 있다. 설레는 건 좋은 것이다.
	내가 노출되는 게 두렵다.	• 청중 앞에 서면 30초 이내에 많은 것이 노출된다. 감추려고 하지 마라. 노출되는 게 정상이다. • 평소 혼자 생활하지 말고 다른 사람과 어울리는 시간을 늘려라. • 주변 사람의 이야기만 듣지 말고, 내 생각을 표현하고 그에 대한 다른 사람의 비판적 의견을 들어라. • 내가 나를 좋아해야 남들도 나를 좋아한다.
	실패 트라우마가 있다. 실수가 두렵다.	• 실수를 하지 않는 사람이 비정상적이고, 실수를 하는 것이 정상적이다. • 내 '실수'를 남에게 비교하면 '실패'가 된다. 실수는 실패가 아니다. • 실수한다고 해서 뭔가 달라지지 않는다. • 실수보다 중요한 건 그 실수를 어떻게 넘기느냐다. • 당시 트라우마와 똑같은 상황은 아니다. 트라우마 극복 안하고 평생 그대로 살 건가?
표현 방법을 잘 모른다. (Skill)	어휘력이 약하다.	• 단어 스토리텔링, 낱말 잇기 등을 혼자 연습해봐라.
	시선 처리가 불편하다	• 시선 집중 경험을 쌓기 위해 수업 때 교실 앞문으로 들어오라. • 상대방의 눈을 바라보지 말고 입과 코 사이를 바라보라.
	목소리가 자연스럽지 못하다.	• 시나 좋은 글(옛날 이야기, 우화 등)을 소리내서 읽어봐라. • 아나운서들의 입모양을 살펴봐라. • 말을 더듬는다면 천천히 말하라.
	몸짓이나 태도가 자연스럽지 못하다.	• 습관적인 몸짓은 청중에게 혼선을 줄 수 있다. 의미 전달에 도움이 필요할 때 하면 된다. • 수화를 배워라.
	효과적으로 표현하지 못한다.	• 인쇄 광고, 신문 만평을 자주 보라. • TV 일기예보를 자주 봐라. • 명확하고 간결하고 쉬운 표현을 배워라.
	경험이 부족하다.	• 일단 청중 앞에 자주 서라. 경험이 보약이다. • 발표한 것을 녹음하거나 녹화해서 다시 살펴봐라. • 발표 전에는 반드시 비슷한 환경에서 리허설을 해봐라. • 수업 시간에 질문을 자주 하라. • 발표 시간에 늦지 말라. 발표장 분위기를 익히고 준비를 충분히 하라.

05 오늘의 말하기 연습

1) 종이 멀리 던지기[19)]

2) 내 장점 만들기[20)]

내가 보는 내 장점(10개)	(공통점)	남이 보는 내 장점(10개)

3) 뒤로 넘어지기

4) 생각의 오류

(1) 다음은 우리의 생각에 나타나는 오류들이다. 이러한 오류의 렌즈로 세상을 바라볼 경우 세상이 왜곡되어 보일 수밖에 없다. 다음 중 나에게 해당되는 것이 어느 것인지 표시해보자.

19) 어떻게 하면 A4 용지 1장을 멀리 던질 수 있을까?
20) 2종류의 장점이 중복되는 것이 진짜 내 장점이다.

종류	현상	해당 여부
확대와 축소	잘못은 확대하고 성공은 축소한다. 예:"25문제 중 4개나 틀렸네."	
긍정적인 것의 평가절하	성공이나 찬사에 대해 그 가치를 깎아버린다. 예 "어쩌다 잘 한 걸 가지고, 뭘...."	
파멸적 사고	가장 나쁜 일이 일어날 것이라고 예상한다. 예 "오늘 발표 때 틀림없이 망칠 거야."	
개인화	다른 사람이 관련된 부정적인 사건에 대한 비난을 스스로 자신이 받아들인다. 예 "내가 그 때 그 자리에 갔어야 하는데.... 다 내 책임이야."	
과잉 책임	자신의 삶에서 실패한 부분에 대해 지나치게 책임을 지려고 한다. 예 "재수를 해서 대학 간 것은 내 인생에서 최악의 실패였어. 그 바람에 까먹은 돈이...."	
자기 중심적 사고	자기 평가적인 사고로, 세상이 나를 지켜보고 나의 문제를 지나치게 살펴보고 있다고 생각한다. 예 "내 키가 적으니 사람들이 모두 날 우습게 여길 거야."	
과잉 일반화	나쁜 사건이 계속 일어날 것으로 추측한다.(머피 법칙) 예 "내게는 항상 그런 일이 일어난다."	
선택적 추상화	부분만을 선택하고 전체적인 그림을 보지 않는다. 예:"하나를 보면 열을 안다."	
감정적 논리:	자신의 감정에 근거하여 생각한다. 예 "그렇지 않아도 짜증나 죽겠는데 왜 늦는 거야?"	
비약적인 결론	상대방이 나에 대해 생각하고 있을지 모르는 것을 읽어내려고 노력한다. 예 "날 자꾸 쳐다보는 걸 보니 날 좋아하는가봐."	
낙인찍기 (꼬리표 붙이기)	제한된 지식에 근거하여 사람을 분류한다. 예 "영어를 잘 하는 걸 보니 유학을 다녀왔나봐."	
이분법적 사고	모든 것을 이것 아니면 저것, 흑과 백으로 이분화해서 생각한다. 예 "A+가 아니면 잘 한 게 아니야"	
성급히 결론짓기	사실인지 아닌지 확인도 안 해보고 그렇다고 확신한다. 예 "내 전화를 안 받는 것 보니 나를 무시하는 게 분명해"	
장점 무시하기	자신이 잘 한 점을 평가 절하한다. 예 "이번에 발표를 무사히 끝낸 건 발표주제가 쉬웠기 때문이야"	
당위 진술	반드시 해야 한다, 해서는 안 된다고 생각한다. 예 "절대로 실수해서는 안 돼"	
파국적인 예상	최악을 예상하고 그것이 일어날 것이라고 생각한다. 예 "난 발표를 다 망치고 모두에게 망신을 당하고 될 거야"	

5) 사실과 인식

많은 발표자들이 발표를 하다가 실패할 경우 직면하게 될 상황에 대해 지나치게 민감해하는 경향이 있다. 실제로 발표에 실패한다 해도 그 어떤 심각한 상황은 오지 않는다. 일종의 비합리적인 생각일 뿐이다.

(1) 합리적 사고와 비합리적 사고는 어떻게 다른가?

합리적 사고	비합리적 사고

(2) 사실과 인식은 어떻게 다른가?[21]

사실	인식

21) 우리가 내리는 결론과 판단, 자기 대화는 사실(facts)보다 인식(perceptions)에 기반을 두고 있다. 인식을 사실과 혼동해서는 안 된다. 인식을 말할 때에는 "내 생각에는…" 식으로 표현해야 한다. 인식을 사실처럼 단정적으로 진술하면(항상, 절대로) 비합리적인 결과를 초래하게 된다. '사실'은 논쟁할 여지가 없지만, '인식'은 논쟁거리가 된다. 사실을 평유리에 비유한다면, 인식은 돋보기나 졸보기에 비유할 수 있다. 세상을 평유리로 봐야 한다.

06 다음 주 과제

1) KOCW 5주차 자신감

위 영상 강의를 보고 A4용지 1매에 작성하여 제출

제목		작성자	
1. 내용 요약			
2. 배운 점			
3. 느낀 점			
4. 적용할 점			

2) 영화 King's Speech

위 영화를 찾아 보고 A4용지 1매에 작성하여 제출

제목		작성자	
1. 내용 요약			
2. 배운 점			
3. 느낀 점			
4. 적용할 점			

Tip 자신감을 회복하라!

- 세상의 주어는 나(I)!
- 장단점 질량불변의 법칙:사람은 누구나 그의 장점(+)과 단점(-)을 합치면 '0'이 된다. 다시 말해 사람은 누구나 장점만큼 장점이, 장점만큼 단점이 있다. 장점만 있는 사람, 단점만 있는 사람은 없다.
- 남과 자신을 비교하지 마라. 어제의 나와 오늘의 나를 비교하라.
- 남들이 나를 어떻게 생각하느냐보다 중요한 것은 내가 나를 어떻게 생각하느냐다.
- 초보운전자라도 경험을 쌓으면 잘 할 수 있다. 그러나 자동차 기어를 중립에 놓으면 차는 나가지 않는다.
- 잘 못 한 것만 반성하려 하지 말고, 잘 한 것도 생각하라.
- 실패했다고 규정하는 것이야말로 실패다. 실수를 실패로 여겨서는 안 된다.
- 나는 반드시 잘 해야 한다. 실수하면 안 된다는 생각은 비합리적인 생각이다. 사람은 누구나 실수한다.

- 남이 발표하면서 실수할 때 청중인 나는 무슨 생각하나? 내가 발표하면서 실수할 때도 다른 청중들은 나와 비슷한 생각을 한다. 청중은 적이 아니다. 청중을 믿어라.
- 발표할 때 왜 떨리나? 내 생각이 아니어서, 내가 드러나는 게 싫어서, 누군가 발표 내용을 따질 것 같아서.
- 처음 3분이 가장 당황스럽다. 시간이 지날수록 진정된다.
- 떨림과 설렘은 똑같은 것이다. 떨림을 설렘으로 인식하라.
- 떨림은 불안감에서, 설렘은 자신감에서 나온다.
- 준비가 부족했다? 다음엔 철저히 준비하면 된다.
- 죄를 짓지 않았는데 왜 부끄러워 하나? 남의 식선을 의식하지 말라.
- 내가 선택한 것만 부끄러워 하라. 주어진 것은 자랑하지도, 부끄러워 하지도 말라. 외모나 목소리는 선택한 것이 아니다.
- 목소리 떨림은 음익적으로는 멋진 비브라토(Vibrato)!
- 발표를 망칠 수도 있다. 그렇다고 해서 그게 어디 앓아누울 일인가?
- 타고 난 이야기꾼은 없다. 경험이 이여기꾼을 만든다.

- 지난주 발표 때 내 옷 색깔은 무엇이었는가? 아무도 기억하지 못한다. 남들은 내게 그다지 신경 쓰지 않는 게 분명하다. 청중을 두려워하지 말라.
- 정말 떨리나? 정말 얼굴이 빨개지나? 관찰해보고 확인하라. 사실이 아닐 수 있다.
- 남들도 대체로 그렇게 생각할까 물어봐라. 당신만 그렇게 생각한다면 그건 비합리적인 생각이다.
- 수영을 하려면 일단 물에 들어가야 한다. 발표를 하려면 청중 앞에 자주 서봐야 한다.
- '부담'을 다른 말로른 '기대'라 한다.
- 떨면 지고 설레면 이긴다.
- 남의 장점과 내 단점을 비교하는 것처럼 멍청한 짓도 없다.
- 아직 안 해봐서 못할 뿐이다. 그렇다면 하면 된다.
- 삶에 자신감이 넘쳐야 말에도 자신감이 넘친다.
- 행동한 것에 대한 후회는 5%이고, 행동 안 한 것에 대한 후회는 95%라고 한다. 그렇다면 후회를 하더라도 일단 해보자.

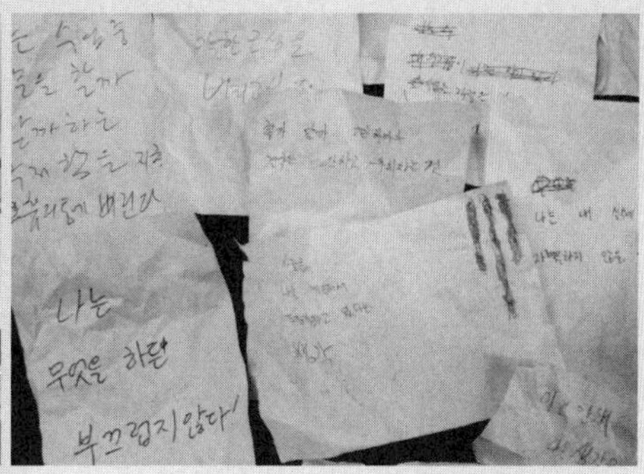
나는
무엇을 하든
부끄럽지 않다!

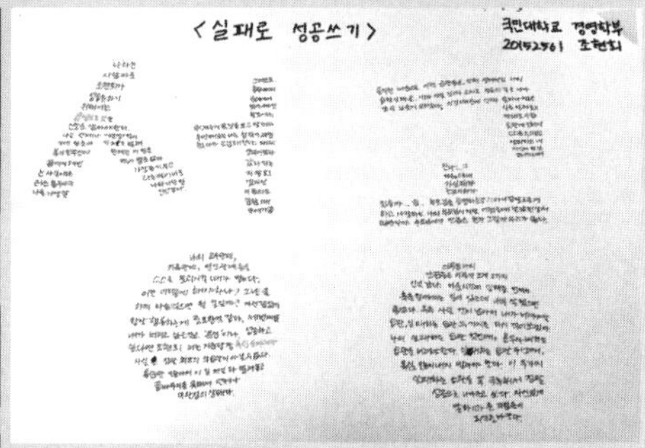

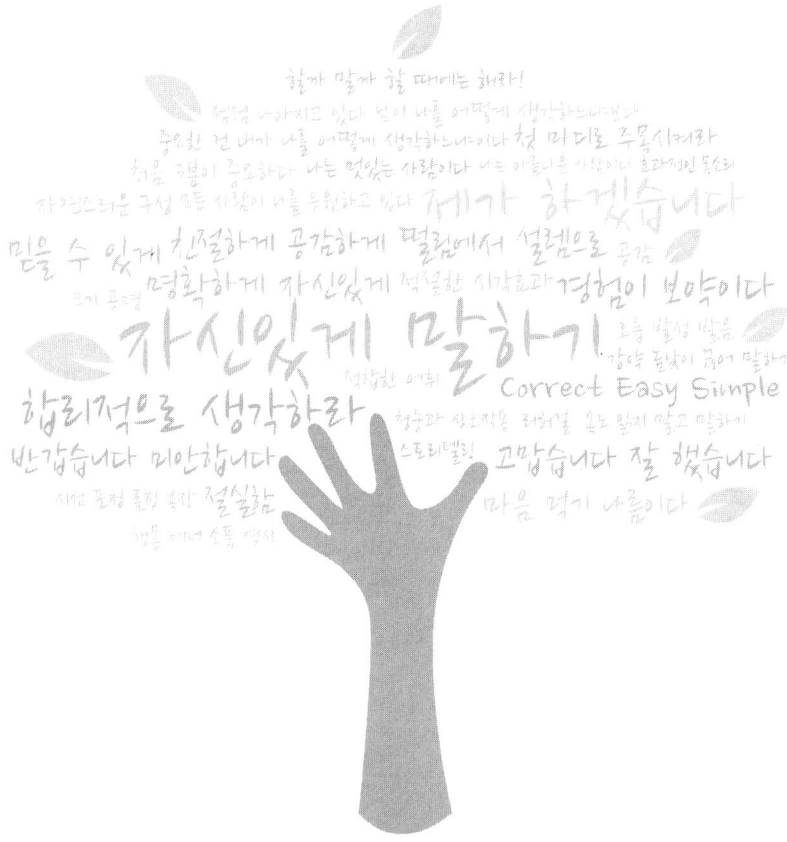
할까 말까 할 때에는 해라!
제가 하겠습니다
믿을 수 있게 친절하게 공감하게 떨림에서 설렘으로
명확하게 자신있게
경험이 보약이다
자신있게 말하기
Correct Easy Simple
합리적으로 생각하라
반갑습니다 미안합니다
고맙습니다 잘 했습니다
절실함
마음 먹기 나름이다

www.kocw.net

제3주차
말하기 연습
- Communication

오늘의 수업

순서	주제	分	내용
1	오프닝	10	1) 큰 소리로 인사하며 만나기 2) 창조적인 출석 체크(재치있게 답하기[22]) 3) 수업 구호 외치기("믿자명친!")[23]
2	말 문 열기	10	1) 조별로 눈치게임[24], 접어게임[25] 2) 낯선 동료 만나서 ① 하이5 ② 거울놀이[26] ③ 먼저 웃으면 진다[27] ④ 파안대소 셀카 촬영[28]
3	놀이활동	10	1) 좋아 박수[29] 2) 반미고잘 놀이[30] 3) 폰 스토리텔링[31] 4) 카드 스토리텔링[32] ※놀이활동을 통해 말하기에 기본이 되는 여러 기술을 익힐 수 있다.
4	자기주도학습	20	1) 지난주 과제 내용 조원들과 나누기-학습 자료 참조 2) 다음주 과제 확인하기-학습 자료 참조
			휴식
5	Talk, Talk!	15	1) 동영상 감상-학습 자료 참고 2) 주제 토의-학습 자료 참조
6	오늘의 말하기 연습	25	※학습 자료 참고
7	침묵 스피치	5	청중 앞에 나와 30초간 청중 바라보기 1) 바라보기 2) 인사, 바라보기, 인사 3) 인사, 자기 암시문, 인사
8	클로징	5	1) 종이 이메일 쓰기 2) 수업 구호 외치기 "믿자명친!" 3) 큰 소리로 인사 나누며 헤어지기

22) 오늘 고마운 일(사람), 동료들에게 멋지게 인사 한 마디, 나의 자기 암시문, 말하기는 (　　)이다, 빨리 고치고 싶은 나의 말하기 버릇 하나, 무인도 갈 때 갖고 싶은 것 3가지, 지금 내 머리 속의 생각 하나는? 지금 나의 감정 상태를 한 단어로 말한다면?, 나는 (　　)를 만나 (　　)을 묻고 싶다, 붕어빵 어디부터 먹나?, 오늘 주장하고 싶은 것, 오늘 다른 사람들에게 설득하고 싶은 것, 차 한 잔 사주고 싶은 낯선 동료, 나의 말하기 연습 방법, 이번 학기 발표력이 가장 성장한 우리 조원

23) "믿자명친":"믿을 수 있게!", "자신있게!", "명확하게!", "친절하게!"

24) 눈치게임:"하나, 둘,..." 외치며 빨리 일어나기. 가장 늦게, 동시에 일어나는 사람 ?1점. -5점 되면 책상 위에 엎드려 인디언 밥!

25) 접어게임:"조원들이 모두 일어서서 손가락을 편다. 한 사람씩 돌아가면서 "안경 쓴 사람 접어!" 하면, 해당자는 손가락을 접는다. 손가락 5개 접으면 책상 위에 엎드려 인디언 밥!

26) 거울놀이:한 사람은 거울 앞에 선 사람, 다른 한 사람은 거울 속에 비친 사람. 거울 앞에 선 사람의 다양한 동작을 거울 속의 사람이 똑같이 따라 한다. 30초씩 교대로.

27) 먼저 웃으면 진다:서로 마주 바라본다. 먼저 웃으면 진다. 3회.

28) 파안대소 셀카촬영:둘이 함께 환하게 웃으며 촬영 후, 카독방에 게시한다.

29) 좋아 박수:"나는내가정말좋아"를 외치며 발음 사이에 박수 치기. "나V는V내V가V정V말V좋V아V나는VV내가VV정말VV좋아VV나는내가VVVV, ... 좋다VVVVVVVVV"

학습 자료

01 자기주도학습-사전 진단

1) 지난주 자기주도학습(과제) 내용 조원들과 나누기

2) 다음주 자기주도학습(과제) 확인하기[33]

(1) 누가 1등인가?[34]

(2) KOCW 3주차 말하기와 커뮤니케이션(3주차만)

02 Talk, Talk

1) 동영상 감상[35]

2) 조별 토의[36]

(1) 나의 소통 진단

소통은 의미와 감정을 공유하는 것이다. 의미나 감정이 잘못 전달될 때 문제가 생기고 관계에도 부정적인 영향을 끼치게 된다. 일상생활에서 어떻게 말해야 하는지 다음 항목으로 나의 평소 말하기를 진단해보자.

30) 반미고잘 놀이:여럿이 둘러서서 한 사람이 옆 사람 바라보며 큰 소리로 "반갑습니다" 하면 인사받은 사람도 다른 사람 바라보며 "반갑습니다". 계속 해서 "미안합니다", "고맙습니다", "잘 했습니다"

31) 폰 스토리텔링:스마트폰에 저장된 사진 1장 보여주며 30초간 이야기하기.

32) 카드 스토리텔링:단어가 적힌 카드 한 장씩 뒤집으며 그 단어 이용해서 이야기 이어가기.

33) 말하기는 자기가 주도하는 학습(과제)을 통해 발전한다. 과제는 늦게 하면 품질이 낮아지고 시간이 많이 걸려 무거운 짐이 될 수 있다. 오늘 당장 하자. 제2주차 리포트 양식을 참조하여 작성한다.

34) EBS 다큐프라임 시험 5부 누가 1등인가

35) 동영상은 주제에 맞게 담당교수가 준비한다.

36) 조별 토의 후 조원이 다른 조에 가서 공유하면 효과적이다.

① 말하기

항목	진단[37](○,△,×)	설 명
(1) 명확하게 말하는가?		• 명확한 목소리(어휘, 발음)로 또박또박 말하라. • 상대방이 궁금한 게 없게, 군더더기가 없게 요약해서 말하라.(직사포)
(2) 참말을 하는가?		• 참말만 하라. • 사실을 왜곡, 축소, 확대하지 말고 그대로 말하라.
(3) 친절하게 말하는가?		• 친절하게 말하라. 말에는 온도, 거리가 있다. • 상대방을 기분 좋게 해주는 말을 하라.(곡사포) • 친절한지 아닌지는 상대방이 평가한다.
(4) 공감하는 말을 하는가?		• 공감하는 말을 하라. • 내가 하고 싶은 말이 아니라, 상대방이 듣고 싶어 하는 말을 하라.
(5) 배려하는 말을 하는가?		• 배려하는 말을 하라. • 상대방의 입장에 서서, 상대방이 내게 해주었으면 하는 말을 해줘라.
(6) 살리는 말을 하는가?		• 살리는 말을 하라. • 상대방을 인정하고 칭찬하고 격려하라. • 협박, 훈계, 판단, 평가, 비판은 상대방에게 상하게 한다.
(7) 재미있게 말하는가?		• 재미있게 말하라. • 유머는 상대방을 위하는 마음에서 시작된다.
(8) 어법에 맞게 말하는가?		• 어법에 맞게 말하라. • 모두가 약속한 표준어로 말하라. • 적절한 존대어를 사용하라.(사물존대어 주의) • 수동태보다는 능동태 언어를 사용하라.
(9) 온몸으로 말하는가?		• 소통은 말로만 하는 것이 아니다. • 목소리에 시선, 표정, 몸짓을 일치시켜 감정과 의미를 효과적으로 표현하라.
(10) 침묵할 때와 말할 때를 구분하는가?		• 할 말이 있으면 말하라. • 침묵은 금이 될 수도, 똥이 될 수도 있다. • 그러나 침묵할 때에는 침묵해야 한다.
(11) 당사자에게 직접 말하는가?		• 누군가(미디어)를 통하지 말고 가급적 직접 대면 소통하라. • 메시지는 직접 전해야 왜곡을 막을 수 있다.
(12) 남의 말을 좋게 전하는가?		• 남의 말을 좋게 전하라. • 부정적인 이야기는 전하지 말라.
(13) 상황에 맞게 말하는가?		• 상황과 맥락에 맞게 말하라. • 같은 표현이라도 때, 장소, 분위기에 어울려야 빛이 난다.

37) ○=1, △=0, X=-1

항목	진단 (○,△,×)	설 명
(14) 뒤에서도 좋게 말하는가?		• 뒤에서도 좋게 말하라. • 칭찬은 당사자 앞에서, 꾸중은 관중이 없을 때 하라. • 당사자가 없을 때에도 좋게 말하라. • 뒷담화는 화를 불러오기 쉽다. 뒤에서 수군거리지 말라.
(15) 상대방과 50:50으로 말하는가?		• 특별한 형식의 대화가 아니라면 대화를 독점하지 말라.
합계		※합계 점수가 마이너스(–)라면 소통 방법을 개선해야 한다.
※ 진단 결과에 대한 나의 생각		

② 듣기

나는 일상 생활에서 어떻게 다른 사람의 말에 경청하고 있는가? 한자 '들을 청(聽)' 자가 그걸 잘 설명해준다. 다음 항목으로 나의 평소 듣기를 진단해보자.

항목	진단 (○,△,×)	설 명
(1) 王 – 상대방을 중요한 사람으로 인식하고 대하는가?		• 들을 때에는 먼저 상대방을 중요한 사람으로 인식하고 대하라. 그에 따라 듣는 태도가 달라진다.
(2) 耳 – 상대방이 말할 때 귀를 기울이는가?		• 들을 때에는 상대방에게 귀를 가까이 하라. 그래서 경청(傾聽)에 '기울 傾' 자를 쓴다.
(3) 目 – 상대방에게 시선을 집중하는가?		• 사람은 눈, 표정, 몸짓으로도 표현한다. 들을 때에는 내 시선을 상대방에게 집중하라. • 눈이나 고개만 상대방을 향하지 말고 아예 가슴을 상대방에게 향해야 상대방이 편안하게 말할 수 있다.
(4) 一 – 오직 상대방 한 사람에게 집중하는가?		• 들을 때에는 상대방 한 사람에게만 집중하라. 눈이나 귀가 다른 사람을 향하지 않도록 하라. • 집중은 대단히 힘든 일이지만, 상대방에게는 최고의 서비스다. • 내가 상대방과 전적으로 함께 있음을 느끼게 하라.
(5) 心 – 상대방의 마음도 헤아려 듣는가?		• 들을 때에는 상대방의 마음도 읽어라. • 입으로 표현하는 단어의 뜻만 듣지 말고, 그 뒤에 숨긴 상대방의 감정과 맥락도 읽어내야 한다. "왜 이 말을 할까?"
합계		※합계 점수가 마이너스(–)라면 소통 방법을 개선해야 한다.
※ 진단 결과에 대한 나의 생각		

③ 답하기

소통은 쌍방적이어야 한다. 말하기, 듣기는 일방적이다. 여기에 답하기가 따라야 한다. 상대방의 말에 적절한 반응을 보여야 순환적인 소통이 이뤄진다.

항목	진단 (○,△,×)	설 명
(1) 상대방의 말에 긍정적인 반응을 해주는가?		• 내가 상대방의 말에 관심을 갖고 있음을 가볍게 표현하라. • 시선 집중, 고개 끄덕임, 맞장구, 추임새 등을 적절히 활용하라.
(2) 상대방의 말에 적극적으로 피드백을 해주는가?		• 상대방의 말을 적극적으로 듣고 있음을 표현하라. • 상대방이 사용한 단어를 반복해서 되물어주며 사실 여부를 가볍게 확인하면 좋다.
(3) 상대방의 말에 질문을 해주는가?		• 질문은 상대방의 말을 매우 적극적으로 듣고 있음을 보여준다. • 상대방의 표현에 궁금한 점이 있을 때에는 물어보자. • 그러나 따지는 듯한 질문은 불쾌감을 줄 수 있다.
합계		※ 합계 점수가 마이너스(−)라면 소통 방법을 개선해야 한다.
※ 진단 결과에 대한 나의 생각		

03 오늘의 말하기 연습

1) 공놀이[38)]

2) 등지고 그림 그리기(오리기)[39)]

3) 눈 가린 사람에게 그림 설명해서 그리게 하기[40)]

4) 소곤소곤[41)]

5) 短問長答[42)]

6) 종이컵 옮기기[43)]

38) 공 던지기고 받기가 소통이다. 각도, 속도 등 공통점을 이야기해보자.
39) 두 사람이 등을 진다. A가 도형을 그려 B가 똑같이 그리도록 설명한다.
40) 두 사람이 팀을 이룬다. 벽에 A4용지를 한 장 붙인다. B는 눈을 가린다. A가 그림을 하나 그려 B가 똑같이 그리도록 설명한다.
41) 7명 정도가 나란히 앉는다. 기억할 수 있는 정도의 메시지를 메모지에 적는다. 1번이 그 내용을 상대방 귀에 속삭이며 전달한다. 마지막 사람이 전달받은 내용을 칠판에 적는다. 원본과 비교해본다. 어느 과정에서 문제가 생겼는지 살펴본다.
42) 1:1로 짝을 짓는다. A가 말을 건넨다. B가 더 길게 답한다. A가 다시 더 길게 반응한다.
43) 일어서서 나란히 횡렬을 이루고 볼펜을 입에 문다. A가 입에 문 볼펜을 이용하여 종이컵을 다음 사람에게 전달한다.

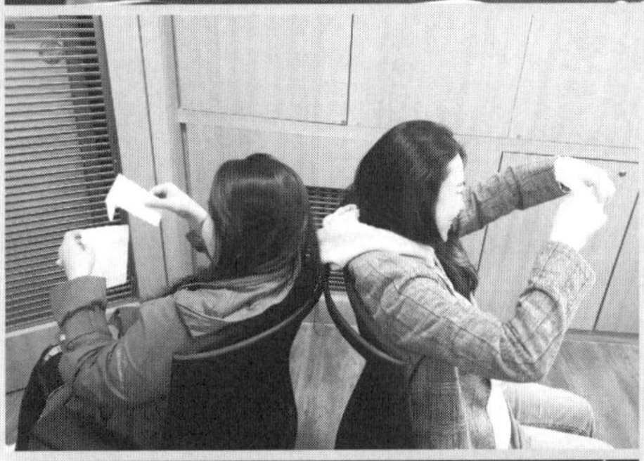

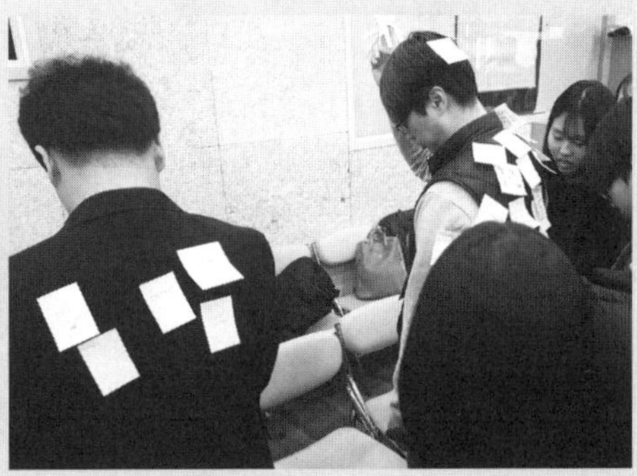

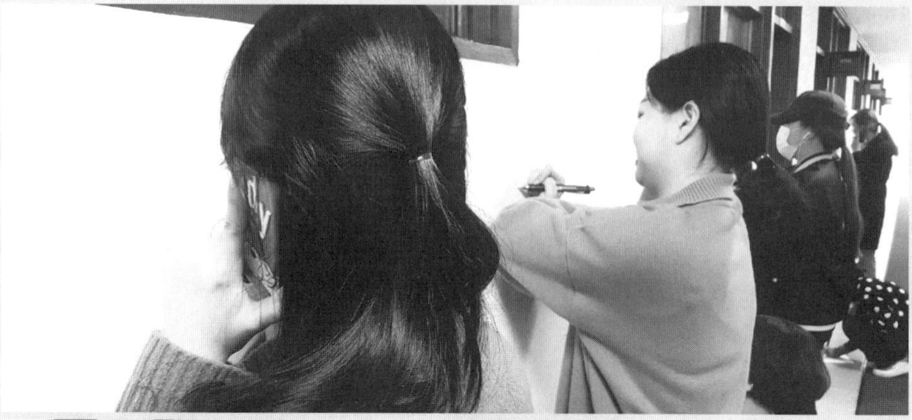

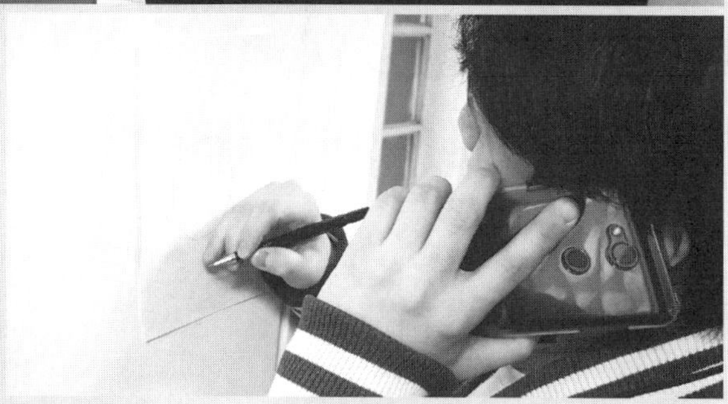

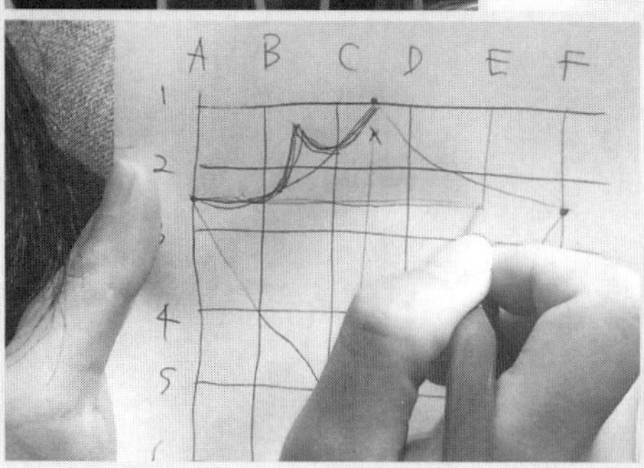
A B C D E F

자신있게 말하기
Correct Easy Simple
합리적으로 생각하라
반갑습니다 미안합니다
고맙습니다 잘 했습니다
명확하게 자신있게
경험이 보약이다
믿을 수 있게 친절하게 공감하게 떨림에서 설렘으로
마음 격기 나름이다

www.kocw.net

제4주차
말하기 연습
- Verbal

오늘의 수업

순서	주제	分	내용
1	오프닝	10	1) 큰 소리로 인사하며 만나기 2) 창조적인 출석 체크(재치있게 답하기[44]) 3) 수업 구호 외치기("믿자명친!")[45]
2	말 문 열기	10	1) 조별로 눈치게임[46], 접어게임[47] 2) 낯선 동료 만나서 ① 하이5 ② 거울놀이[48] ③ 먼저 웃으면 진다[49] ④ 파안대소 셀카 촬영[50]
3	놀이활동	10	1) 좋아 박수[51] 2) 반미고잘 놀이[52] 3) 폰 스토리텔링[53] 4) 카드 스토리텔링[54] ※놀이활동을 통해 말하기에 기본이 되는 여러 기술을 익힐 수 있다.
4	자기주도학습	20	1) 지난주 과제 내용 조원들과 나누기–학습 자료 참조 2) 다음주 과제 확인하기–학습 자료 참조
휴식			
5	Talk, Talk!	15	1) 동영상 감상–학습 자료 참고 2) 주제 토의–학습 자료 참조
6	오늘의 말하기 연습	25	※학습 자료 참고
7	침묵 스피치	5	청중 앞에 나와 30초간 청중 바라보기 1) 바라보기 2) 인사, 바라보기, 인사 3) 인사, 자기 암시문, 인사
8	클로징	5	1) 종이 이메일 쓰기 2) 수업 구호 외치기 "믿자명친!" 3) 큰 소리로 인사 나누며 헤어지기

44) 오늘 고마운 일(사람), 동료들에게 멋지게 인사 한 마디, 나의 자기 암시문, 말하기는 (　　)이다, 빨리 고치고 싶은 나의 말하기 버릇 하나, 무인도 갈 때 갖고 싶은 것 3가지, 지금 내 머리 속의 생각 하나는? 지금 나의 감정 상태를 한 단어로 말한다면?, 나는 (　　)를 만나 (　　)을 묻고 싶다, 붕어빵 어디부터 먹나?, 오늘 주장하고 싶은 것, 오늘 다른 사람들에게 설득하고 싶은 것, 차 한 잔 사주고 싶은 낯선 동료, 나의 말하기 연습 방법, 이번 학기 발표력이 가장 성장한 우리 조원

45) "믿자명친":"믿을 수 있게!", "자신있게!", "명확하게!", "친절하게!"

46) 눈치게임:"하나, 둘,..." 외치며 빨리 일어나기. 가장 늦게, 동시에 일어나는 사람 ?1점. –5점 되면 책상 위에 엎드려 인디언 밥!

47) 접어게임:"조원들이 모두 일어서서 손가락을 편다. 한 사람씩 돌아가면서 "안경 쓴 사람 접어!" 하면, 해당자는 손가락을 접는다. 손가락 5개 접으면 책상 위에 엎드려 인디언 밥!

48) 거울놀이:한 사람은 거울 앞에 선 사람, 다른 한 사람은 거울 속에 비친 사람. 거울 앞에 선 사람의 다양한 동작을 거울 속의 사람이 똑같이 따라 한다. 30초씩 교대로.

49) 먼저 웃으면 진다:서로 마주 바라본다. 먼저 웃으면 진다. 3회.

50) 파안대소 셀카촬영:둘이 함께 환하게 웃으며 촬영 후, 카독방에 게시한다.

51) 좋아 박수:"나는내가정말좋아"를 외치며 발음 사이에 박수 치기. "나∨는∨내∨가∨정∨말∨좋∨아∨나는∨∨내가∨∨정말∨∨좋아∨∨나는내가∨∨∨∨, ... 좋다∨∨∨∨∨∨∨∨∨"

학습 자료

01 자기주도학습-사전 진단

1) 지난주 자기주도학습(과제) 내용 조원들과 나누기

2) 다음주 자기주도학습(과제) 확인하기[55]

(1) 나의 리포트, 무엇을 어떻게 개선해야 하나?

주제		
작성자		
문제점		개선방안

(2) '자신있게 말하기 23계명' 카톡방에 녹음 게시하기

02 Talk, Talk

1) 동영상 감상[56]

52) 반미고잘 놀이:여럿이 둘러서서 한 사람이 옆 사람 바라보며 큰 소리로 "반갑습니다" 하면 인사받은 사람도 다른 사람 바라보며 "반갑습니다". 계속 해서 "미안합니다", "고맙습니다", "잘 했습니다"

53) 폰 스토리텔링:스마트폰에 저장된 사진 1장 보여주며 30초간 이야기하기.

54) 카드 스토리텔링:단어가 적힌 카드 한 장씩 뒤집으며 그 단어 이용해서 이야기 이어가기.

55) 말하기는 자기가 주도하는 학습(과제)을 통해 발전한다. 과제는 늦게 하면 품질이 낮아지고 시간이 많이 걸려 무거운 짐이 될 수 있다. 오늘 당장 하자. A4용지 1매 이내.

56) 동영상은 주제에 맞게 담당교수가 준비한다.

2) 조별 토의[57]

(1) 어느 이발사의 손님 맞이

한 청년이 훌륭한 이발사가 되고 싶어 유명한 이발사를 찾아갔다. 그는 3개월 동안 열심히 이발 기술을 익혔다.

- 드디어 첫 손님을 맞이했다. 그는 스승에게 배운 대로 진땀을 흘리며 손님의 머리를 깎아주었다. 그러나 손님은 거울을 보며 "머리가 너무 길지 않나요?"라고 했다.
  초보 이발사는 아무런 답변도 하지 못했다.
  이 모습을 지켜본 스승이 웃으면서 말했다.

"____."

손님은 금방 기분이 좋아져서 돌아갔다.

- 두 번째 손님을 맞이했다. 그러나 이발을 마친 그 손님도 "너무 짧게 자른 것 아닌가요?"라며 불만스러워했다. 초보 이발사는 이번에도 아무 대꾸를 하지 못했다.
  그러자 스승이 다시 거들었다.

"____."

그 말을 들은 손님은 흡족해하며 돌아갔다.

- 세 번째 손님이 왔다. 이발을 끝낸 손님은 머리 모양은 마음에 들어 했지만, 돈을 내면서 한마디 했다. "시간이 너무 많이 걸린 것 같네요." 초보 이발사는 여전히 굳은 표정으로 우두커니 서 있기만 했다.
  그러자 스승이 또 나섰다.

"____."

그러자 이 손님 역시 매우 밝은 표정으로 돌아갔다.

- 그날의 마지막 손님이 왔다. 초보 이발사는 최선을 다해 이발을 해주었다. 손님은 매우 만족스러워 하며 "솜씨가 참 좋습니다. 겨우 20분 만에 말끔해졌어요." 그러나 이번에도 초보 이발사는 멍하니 서 있기만 했다.
  다시 스승이 맞장구를 치며 말했다.

"____."

- 그날 저녁, 초보 이발사는 스승에게 낮에 있었던 일에 대해 물었다. 스승은 말했다. "오늘 처음으로 손님들의 머리를 깎아드리느라 긴장되고 힘들었지? 처음인데 참 잘했네. 나는 오늘 자네에게 네 가지를 가르쳐주고 싶어."

※ 만약 내가 스승 이발사라면 무엇을 가르쳐주고 싶은가?

①
②
③
④

57) 조별 토의를 통해 빈 칸을 완성해보자. 조원이 다른 조에 가서 내용을 공유하면 효과적이다.
58) 각 조에서 내용과 디자인이 우수한 지난 주 과제(리포트) 2~3점을 뽑는다. 작성자가 자신의 노하우를 조원들에게 설명한다. 각 조에서 베스트 리포터 1명이 옆의 조에 가서 그 내용을 설명한다.
59) 이의용, 굿 리포트, 2018, 국민대 출판부

02 오늘의 말하기 연습

1) 리포트 전시회[58]

2) '굿 리포트 13계명'[59] 공유

굿 리포트 만들기 13계명

1) 리포트의 목적과 의도를 정확히 파악하라.
2) 배경 설명을 들은 후 미루지 말고 즉시 시작하라!
3) 주제에 맞는 재료를 풍부하게 확보하라. 좋은 재료가 좋은 집을 짓는다.
4) 인용하되, 출처를 밝혀라!
5) 새롭고 창의적인 내 생각을 담아라!
6) 구슬이 서 말이라도 꿰어야 보배다. 재료를 나열하지 말고 논리적으로 구성하라!
7) 궁금함이 없게 정확하게(Correct) 표현하라!
8) 군더더기는 가려내고 짧은 문장으로 간결하게(Simple) 표현하라!
9) 이해하기 쉽게(Easy) 써라!
10) '읽는 리포트'가 아니라 '보는 리포트'를 만들라!
11) 평가자가 편리하게 만들어라. (규격, 표지, 제본, 문자, 행간, 중간제목, 문단)
    (1) 규격 용지(A4)에 한 면만 인쇄하라.
    (2) 손으로 적기보다는 컴퓨터로 작성하여 인쇄하라. 그것이 가독성이 높다. 물론 손으로 쓰기를 원하는 교수들도 있다.
    (3) 표지는 3면 이상일 때에만 만들어라.
    (4) 2면 이상일 때에는 쪽 번호를 붙이고 반드시 철(綴)하라. 그래야 다른 리포트와 섞이지 않는다.
    (5) 3~4매는 좌측이나 우측 상단을 1회 철하라. 5매 이상은 좌측 여백에 책자처럼 2회 철하는 것이 좋다.
    (6) 다른 리포트와 연결하거나 합철하지 말라! 자칫 점검에서 누락될 수 있다.
    (7) 읽기 편하게 편집하라.
    - 제목, 본문, 각주의 글자 크기, 모양을 구분하라.
    - 가독성이 낮은 특별한 모양의 서체는 피하라. 제목은 고딕체로, 본문은 명조체가 좋다.
    - 중요한 부분은 글자 모양, 크기 등으로 눈에 띄게 하라.
    - 본문 글자 크기는 10-11포인트가 좋다.
    - 읽기 편하게 '왼쪽 끝 맞추기'를 지키고, 글줄 길이가 너무 길지 않도록 조절하라.
    - 읽기에 불편하지 않게 행간을 조절하라.
    - 중간 제목을 자주 달아라.(1면에 2~3개 정도)
    - 내용이 달라질 때에는 문단을 적당히 나누거나 1~2행을 띄워라.
    - 도표나 자료는 내용이 있는 면에 자리를 잡아라.
    - 선명하게 인쇄하라.
12) 마감을 꼭 지켜라.
13) 마무리를 잘 하라.(오탈자, 페이지, 이름, 저작권)
    (1) 오탈자가 없게 하라. 작은 오탈자이지만 옥의 티가 되어 전체의 가치를 떨어뜨릴 수 있다. 간혹 다른 리포트의 제목을 수정하지 않고 제출하는 수가 있다..
    (2) 표지와 목차, 페이지 번호 등을 점검하라. 한 장이 사라질 수도 있다.
    (3) 이름, 소속, 학번을 적어라. 이런 것이 누락되면 평가자는 이를 확인하기 위해 작업을 일단 중단할 수밖에 없다.
    (4) 정직하게 작성했나?

3) 의미와 재미 피켓 만들기[60]

4) 존댓말 연습[61]

존댓말 고치기	
잘못 사용하는 사례	바르게 고치기
"제가 아시는 분이...."	
"교수님, 수고하세요."	
"저한테 여쭤보신 분"	
"저희 나라에서 저희 학교가....."	
"교수님, 김○○ 선배님께서 조금 늦으신답니다."	
"커피 나오셨습니다."	
"2만원 나오셨습니다."	
"값은 3천원이세요."	
"3천원에 2개 가져가시는 거세요."	
"50% 세일이세요."	
"이 물건이세요."	
"여러분, 내가......"	
"제 이름은 김 자, 철 자, 수 자입니다."	
"옆 자리 있으세요?"	
"저는 ○○○라고 합니다."	
"이거 3개인 것 같아요."	
남편을 "오빠!",	
음식점에서 직원을 "이모!, 아가씨!",	
옷가게에서 손님을 "언니!",	
관공서에서 어르신을 "아버님, 어머님!"	

60) 앞면은 '재미', 뒷면은 '의미'를 표현하는 작은 피켓을 만들어본다. 상대방이 말을 하거나 발표를 할 때 재미있을 때, 의미가 있을 때 각각 해당되는 피켓을 들어 보여준다.
61) 주어진 예문을 중심으로 잘못 사용하고 있는 존댓말을 찾아 고쳐보자.

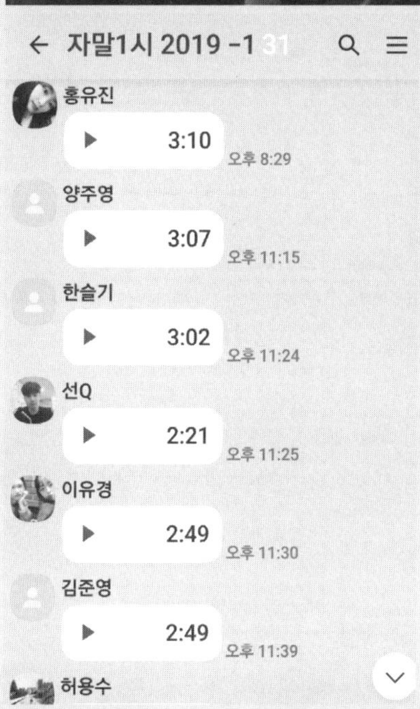

자말1시 2019 -1 31
홍유진
3:10
오후 8:29
양주영
3:07
오후 11:15
한슬기
3:02
오후 11:24
선Q
2:21
오후 11:25
이유경
2:49
오후 11:30
김준영
2:49
오후 11:39
허용수

3-1	영화 'King's Speech'를 보고

1) 느낀 점(Feel)	타인의 말을 들어줄 때, 말이 아닌 마음이 열려야 한다는 것. 신뢰를 바탕으로 충분히 기다려주는 경청의 자세로 상대방의 마음을 열 수 있다는 것. 즉 '정서적 교감'이 얼마나 중요한지 다시금 깨달을 수 있었다. 또한 자신의 단점을 고치는데 있어서, 모든 발전에 있어서는 '본인의 의지'가 얼마나 중요한지 보여준다. 이 시대에도 왕으로서 국민을 통합시킬 수 있는 능력 중 하나는 바로 스피치 능력이었다. 오늘날에도, 우리가 살아가는 이 시대에서 스피치 능력은 더욱 중요한 경쟁력이라는 것을 실감하게 해준다.
2) 배운 점(Learn)	말 잘하는 사람은 타고나는 줄 알았다. 하지만 영화를 보며 생각을 완전히 바꿀 수 있었다. '스피치는 학습의 결과물이다.'라고 말이다. 즉, 노력하면 스피치 능력을 키울 수 있다는 것이다. 조지 6세의 노력과 결과를 보고 자신감을 얻었다. 스피치를 할 때 유창하게 막힘없이 말을 하는 것이 잘 하는 것이라고 생각하였는데, '발음' 또한 얼마나 중요한지 느꼈다. 발음이 정확하여야 전달력이 좋고, 막힘없는 스피치를 할 수 있다는 것을 조지 6세의 발음 연습을 보면서 배울 수 있었다. 이런 기술적인 느끼고 배운 점들 이외에, 제일 먼저 '나'라는 주체에 대해 아는 것이 중요하다고 생각한다. 자신의 단점을 극복하려면, 자신을 깊은 내면을 아는 것부터 시작해야한다.
3) 적용할 점(Do)	조지 6세가 노력으로 해낸 모습을 기억하며, 이번 학기 나의 학습목표인 '발표 전 충분한 준비'를 꼭 실천할 것이다. 스피치는 학습의 결과물이며, 노력하면 좋아질 수 있다는 자신감을 잃지 않을 것이다. 또한 상대방의 이야기를 들어줄 때, 로그처럼 경청하는 자세를 잊지 않을 것이다. 요즘 사람들은 타인과 대화를 할 때에도 스마트 폰을 놓지 못한다. 나 또한 타인의 이런 자세로 상처를 받은 적이 있다. 나는 로그처럼 신뢰와 경청의 자세로 정서적 교감을 할 수 있는 따뜻한 사람이 되고 싶다.
-	우리 수업의 목표처럼, '믿을 수 있게! 자신 있게! 명확하게! 친절하게!' 말하는 습관을 기르도록 노력할 것이다.

영화 King's Speech를 보고

1. 느낀 점 (Feel) [illegible]

[illegible]

2. 배운 점 (Learn) [illegible]

인내	[illegible]
이해	[illegible]
노력	[illegible]

3. 적용할 점 (Do) [illegible]

[illegible]

영화 "킹스 스피치"를 보고

느낀 점	[illegible]
배운 점	**1. 불가능한 것은 없다.** [illegible] **2. 기다려주자.** [illegible]
적용할 점	[illegible] 같은 맥락으로 내가 가르치고 있는 아직 피아노 초보인 바이엘을 배우는 학생들이 때로는 답답할 때도 많지만, 역시나 "스스로 깨우칠 때까지 기다려주는 스승" 만큼 최고의 스승은 없다. 나의 답답함을 내가 못이겨 그들에게 해결책을 손쉽게 쥐버린다면, 그들은 다음번에도 같은자리에 멈춰있다. 하지만 시간이 걸린다해도 그들을 기다려준다면, 과연 그들은 다음번에 더 자신감을 얻고 좋은 발전을 할 것이다.

모의 면접 자기 분석

(1) 이번 면접에서 특별히 무엇을 잘 하려고 했나?	제가 잘하고 싶었던 것은 **세가지**입니다. 1. 예상치 못한 질문에 당황하지 말 것 2. 답변을 할 때 몸을 떨지 말 것 3. 답변을 할 때 불필요한 말을 줄이고 천천히 말할 것
(2) 가장 잘 한 것은 무엇인가?	답변을 할 때 몸을 떨지 않고 침착하게 말을 이었습니다. 목소리 크기와 빠르기 조절에도 성공한 것 같습니다.
(3) 왜 그렇게 생각하나?	스스로 손을 떨지 않으려고 인식하고 있었고 답변을 마칠 때까지 떨지 않았습니다. 다른 하우 분들의 피드백을 살펴본 결과 대부분 목소리에 대하여 칭찬을 해주셨는데 크기와 빠르기가 적당하다고 해주셔서 감사했습니다.
(4) 다시 한다면 무엇을 잘 하고 싶은가?	두 번째 질문이 "**스마트폰으로 인하여 사라진 직업은 무엇인가?**"였습니다. 면접 준비를 할 때 해당 질문에 대하여 고민을 했는데 제 생각에는 사라진 직업이 수도 없이 많아서 명확하게 사라진 직업이 무엇이라고 특정을 하기는 힘들었습니다. 따라서 준비한 답변은 "**스마트 폰의 특성상 안에는 수 많은 어플리케이션들이 존재하고 기존에 있는 것을 대체할 수 있는 기능이 있다면 기존의 직업은 언제든지 사라질 수 있다.**" 였습니다. 스마트폰의 가치는 가장 큰 특징이 다양한 어플리케이션에서 나오는 방대한 활용 가능성이라고 여겨 그렇게 답변을 준비했는데 실제 답변을 하면서 '직업은 무엇인가?'에 대한 명확한 답은 잘 하지 못한 것 같습니다. 다음부터 대답을 할 때는 질문에 대한 **정확한 답을 먼저 해주고 그 뒤에 덧붙여서** 그와 관련된 저의 생각을 말하여 '**질문에 대한 답**'과 **그에 대한 '저의 의견'을 모두 담아낼 수 있도록** 정연하게 답을 해야겠습니다.
(5) 기타	피드백 용지를 살펴보면서 느낀 것이 대부분 잘했다고 생각을 해주시는 것에 대해서도 어떠한 분들은 부족하다고 답을 주셨습니다. 예를 들어 표정과 목소리에 대하여 '진정성이 느껴지고 차분해서 신뢰를 많이 느꼈다.' '표정에서 자신감이 느껴져서 좋았다'라는 식의 답을 주신 분들이 많았는데 어떠한 분은 '조금 더 웃으면서 말을 했으면 좋겠다 딱딱하다'라고 말을 하셔서 **개개인**을 모두 만족시켜야 하는 것인지 아니면 **다수**의 하우들이 좋다고 하는 방향으로 나아가야 하는 것인지 잘 모르겠습니다.

'주장하기' 발표 자기 분석

상의공과대학 전자공학전공
20142856 김성철
제출일 : 2018.05.22.화

1. 이번 발표에서 특별히 무엇을 잘 하려고 했나?
이번 발표에서 나는 '인공지능의 발전은 축복이 아닌 재앙이다'라는 것을 주장하고자 했다. 이것은 내가 최근 관심이 매우 많은 분야로, 나는 이 인공지능의 향후 발전 방향과 전문가들의 견해에 대해 잘 알고 있다. 하지만 2분 30초의 짧은 한정적인 시간에 발표를 진행해야 했다. 이것이 가장 어려운 점이었다. 비전공자와 배경지식이 적은 사람들에게 전문적인 이야기를 해야 하니 말이다. 그래서 최대한 쉬운 비유와 예시로서 나의 주장을 펼치기 위해 노력했다.

2. 가장 잘 한 것은 무엇인가?
평소 관심이 없던 사람들에게 '여러분들도 인공지능과 어떻게나 가깝게 살고 있습니다' 하는 것을 환기해 청중들의 이목과 관심을 끌고자 했다. 그 방법으로 핸드폰에 내장된 빅스비를 이용한 점이 적절했다고 생각한다.

3. 왜 그렇게 생각하나?
발표의 시작과 동시에 핸드폰을 꺼내 빅스비의 음성을 들려줌으로써 청중들의 관심과 주의를 환기하기에 적절했던 것 같다. 동료들의 피드백에서도 보면 빅스비를 통해 주의를 환기한 것이 좋았다는 의견이 다려 있었다.

4. 다시 한다면 무엇을 어떻게 하고 싶은가?
다시 한다면 고치고 싶은 조금 아쉬운 점이 있다면 다음과 같다. 1) '지능' - '파워' 관계에 대해 조금 더 객관성을 갖추고 싶다. 2) '초인공지능' - '인간', '인간' - '침팬지' 관계에 대해 더 구체적인 설명을 하겠다. 3) "~라고 주장하고 싶습니다." 라는 마무리보다는 "~임이 틀림없습니다!" 등 더 확신에 찬 어조를 사용하겠다. 4) 전체적으로 쉽게 풀어나가려고 노력했으나 비전공자에게는 그래도 이해가 어려웠던 점들이 몇 군데 있었던 모양이다. 분석을 통해 이 부분들을 개선하겠다.

*동료들의 피드백	
목소리 톤과 크기가 좋았다.	9
자신감이 좋았다.	7
몸짓 제스처가 좋았다.	4
주제가 참신했다.	2
유명인의 말을 인용한 것이 좋았다.	2
더 구체적인 사례나 예시가 아쉽다.	2
핸드폰의 활용이 좋았다.	1
반론에 대한 반박이 좋았다.	1

< 발표 자기 분석 >

(1) 이번 면접에서 특별히 무엇을 잘 하려고 했나?	**듣는 사람이 쉽게 이해할 수 있도록 내용을 구조화 하는 것** 어려운 어휘를 쓰지않고 최대한 쉬운 말을 사용해서 전달하려고 자기소개를 하려고 노력했다. 또한, 청자들이 이해할 수 있도록 반응을 살피고 최대한 천천히 발표를 했다.
(2) 가장 잘 한 것은 무엇인가?	**뻔한 내용이 아닌 FUN한 소재를 가져온 것.** 듣는 사람들이 흥미 있게 듣고 집중할 수 있도록 흥미 있는 내용을 가지고 왔다. LED(Learn Effort Do) 라는 재치 있는 3행시를 준비했다.
(3) 왜 그렇게 생각하나?	**발표를 할 때 중요한 것은 내가 준비한 좌석에 청자들이 탑승하도록 하고 집중을 하게 만든 후 문을 닫고 달려야 한다.** 흥미 있는 내용과 청자들이 집중할 수 있는 내용을 선별하는 것은 제일 중요하다. 관심이 없고 이해가 잘 안되는 내용은 듣기가 싫다. 듣는 사람을 위해서 말하는 것이라고 생각한다.
(4) 다시 한다면 무엇을 어떻게 하고 싶은가?	**1. 이야기 내용의 비율을 맞추기** **2. 자연스러운 제스처** **3. 표정을 자연스럽고 미소를 띈 채로 말하기** [illegible]

왜 커뮤니케이션이 필요한가? (KOCW를 보고)

1. 배운 점 (Learn) – 커뮤니케이션의 종류, 제대로 알고 사용하자.

그간의 수업시간과 과제물에서 늘 강조했듯이, 커뮤니케이션은 단순한 언어의 주고받음의 행위에서 더 나아간, 타인과 타인의 상호작용 행위임을 더욱이 알게 되었다.

이렇게 말을 던지는 커뮤니케이션에는 청자와 상황에 따라 논리적과 감성적, 공식적과 비공식적, 하향, 상향, 수평적으로 나뉜다. 이러한 분류는 평소 막연하게만 생각했던 본인 스스로의 커뮤니케이션 분류 방식을 더욱 더 구체화 할 수 있는 계기가 되었다.

또한 비언어적 커뮤니케이션의 중요성에 대해서도 구체적인 강의를 통해 알 수 있었다. 특히 의사전달의 65% 이상이 비언어적 수단에 의해 이루어진다는 사실을 듣고, 얼마나 비언어적 커뮤니케이션에도 신경써야 할지 깨달았다.

2. 느낀 점 (Feel) – 커뮤니케이션 공동체를 발전시키는 뼈대

커뮤니케이션은 대화를 통해 동일한 장소와 시간을 공유하며 청자를 화자의 영역으로 스며들게 하며, 화자가 청자의 영역으로 들어가기도 한다. 이러한 상호작용을 통해 '대화'의 매개 안의 서로는, 보다 편하게 배려하며 공을 던졌던 수업시간의 우리들처럼, 대화의 수용자가 받을 수 있게 말을 던진다.

이러한 일련의 과정을 통해 커뮤니케이션의 양자는 경험을 공유하고, 의견을 나누게 됐다. 이러한 양자가 모여 대중이 되고, 대중들의 의견나눔은 단순히 서로를 향한 대화가 아닌 세상을 향해 던지는 목소리가 되며, 이러한 목소리들은 우리 사회의 중추를 잡을 수 있는 뼈대가 변화시키는 원동력이 되어 공동체는 발전하게 된다는 생각을 한번 해볼 수 있었다.

3. 적용할 점 (DO) – 단순한 언어를 넘어 행동으로.

이번 KOCW 강의에서 가장 충격적이었던 사실은 언어적 커뮤니케이션이 고작 대화의 7%를 차지하고 있다는 점이었다. 따라서 앞으로 커뮤니케이션이 필요한 상황에서는 대화나 발표의 내용뿐만이 아니라 겉으로 보여지는 이미지와 태도, 목소리, 제스처까지 생각해 보아야겠다. 중간고사 끝나고, 전공 수업시간에 조별 과제 발표를 자원했는데, 당장 그 발표에서 비언어적 커뮤니케이션의 중요성을 적용해 볼 것이다.

< 나의 강점 알아보기 >

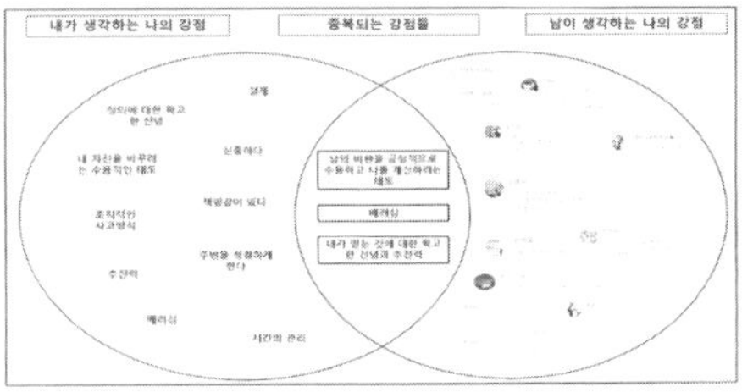

설득하기 자기 분석

설득하기 동영상, 동료들이 적어준 피드백을 보고 다음과 같이 분석하세요.
- 발표 순서, 답변 내용, 답변 내용의 적절성, 표현방법 (목소리, 발음, 표정, 몸짓, 복장), 자신감, 인사방법 등)

(1) 이번 설득하기에서 특별히 무엇을 잘 하려고 했나?	- 대본에 의존하지 않고, 완벽하지 않아도 자연스럽게 말하고자 하였다. - 남자도 외모관리를 하는 것이 중요하고, 했을 때와 안 했을 때의 차이가 크다는 점을 보여주고 싶었다. 시각적 자료를 활용해 청중을 설득 시키고자 하였다.
(2) 가장 잘 한 것은 무엇인가?	- 시선 처리가 잘 되었다. - 대본 없이 발표했다. - 시각적 자료를 잘 활용하였다.
(3) 왜 그렇게 생각하나?	- 한명 한명 눈을 피하지 않고 마주치려 노력하였다. 피드백에도 시선 처리가 자연스러워졌다는 글이 많이 있었다. - 대본을 가지고 나가면 자꾸 보게되서 용기내 대본을 과감히 들고나가지 않았다. 작은 용기였지만 발표를 끝냈을 때 속으로 정말 뿌듯했다.
(4) 다시 한다면 무엇을 어떻게 하고 싶은가?	- 평소에 목소리가 작은 편이 아닌데 사람들 앞에 서면 긴장을 해서인지 목소리가 작아지는 것 같다. 목소리 톤에도 신경을 많이 써서 발표해야겠다. - 비언어적 표현 (손짓)도 적극적으로 활용해야겠다. - '그루밍'이라는 단어에 대한 설명을 하지 못해 아쉽다. 하고 싶은 말이 많았는데 시간은 정해져있어, 발표 구성이 쉽지 않았다. 더 간결하게 전달하려 노력해야겠다.
(5) 기타	- 오늘 발표가 지금까지중 가장 좋았다는 피드백을 받았다. 조금씩, 천천히 나아지고 있다는 생각이 들어 너무 기뻤다! - 남자들 뿐만 아니라 여자들도 더 공감할 수 있게 이야기했다면 좋았을 것같다

'발표 : 설득하기' - 자기 분석

(1) 이번 발표에서 특별히 무엇을 잘 하려고 했나?	제 말을 듣고 청중들이 설득당하여 일기의 중요성을 깨닫고, 행동으로 옮길 수 있도록 호소력과 전달력을 높이고자 내용, 시각자료 준비에 많은 시간을 투자했습니다.
(2) 가장 잘 한 것은 무엇인가?	시각 자료를 좀더 청중들이 명확히 알아볼 수 있도록 큰 그림과 함께 준비하였으며, 발표에 필요한 초콜렛, 일기장을 직접 준비해가서 청중들의 마음을 움직일 수 있도록 도구로 활용한 점이 가장 잘 한 점이라고 생각합니다.
(3) 왜 그렇게 생각하나?	초반부에 초콜렛을 이용하니 청중들의 몰입도가 매우 높았습니다. 또한 뒷앞에 부착된 사진자료 덕분에 전달력이 상승하였고 마지막으로 일기장을 직접 청중들에게 드리는 과정에서 청중들의 마음이 더욱 움직였다는 생각이 들었기 때문입니다.
(4) 다시 한다면 무엇을 어떻게 하고 싶은가?	발표를 준비하면서 저도 모르게 말이 빨라질 것에 대비하여 2분 40초에 맞춰서 발표준비를 했음에도 실제 발표시간은 2분 25초 가량이었습니다. 다행히 제 말이 빠르게 느껴진 청중분들은 없었던 것 같지만 다시 발표를 한다면 조금 더 천천히, 명확히 이야기하여 전달력은 한층 더 상승 시키고 싶습니다.
(5) 기타	자신있게 말하기 수업을 신청하면서, 가장 걱정하던 부분이 '설득하기 발표' 였습니다. 하지만 지난 주 석가탄신일 수업 시간에 배운 내용, 교수님께서 설득하기 발표 구상에 대한 피드백이 이번 발표를 준비하는데 있어 너무나 큰 도움이 됐습니다. 실제로 많은 청중분들이 설득 당했다는 피드백을 보면서 자신감이 한층 더 생기고, 스스로가 발전하고 있음을 느낄 수 있는 발표였습니다. 마지막까지 최선을 다하겠습니다 감사합니다!!

1)이번 면접에서 특별히 무엇을 잘 하려고 했나?	최대한 긴장하지 않으려고 했습니다. 저는 평소 남들 앞에만 서면 너무나 긴장해서 발표를 제대로 하지 못했었습니다. 이러한 경험을 계속 쌓아서 최대한 적응 시키면 좋겠다고 생각했습니다.
2)가장 잘 한 것은 무엇인가?	손짓과 표정을 이용한 시각적 표현을 극대화 한 것입니다. 그럼으로써 이해를 돕는데 효과적이었으며, 분위기를 유연하게 이끌 수 있었습니다
3)왜 그렇게 생각하나?	딱딱했던 청중들의 표정이 상당히 편해졌단 것을 느낄 수 있었습니다. 미소를 띈 청중의 수가 늘어났고 피드백에 의해 발표 분위기가 밝아졌다는 걸 증명하고 있습니다.
4)다시 한다면 무엇을 어떻게 하고 싶은가?	1. 아직도 많이 긴장하고 있어서 떨리는 목소리가 있었다고 합니다. 저의 긴장을 푸는 방법 중 하나인 유머감 있는 화법으로 조금 더 긴장감을 해소해 봤으면 합니다. 2. 면접 시작시, 종료시 인사를 제대로 하지 못했습니다. 이러한 태도는 면접관에게 부정적인 이미지를 남길 수도 있으니 인사를 하는 습관을 들여 다시 하고 싶습니다. 3. 긴장을 해소 하는 방법으로 유머감 있는 화법을 구사하다보니, "피드백에서 신중한 모습을 가지지 못했다.", "-요로 끝나는 말이 많다." 등 면접을 대하는 자세가 충분하지 못하다는 지적을 받았습니다. 긴장감을 해소하려는 노력을 하되, 과하지 않게 조절해야겠습니다. 면접 전반적으로는 밝은 목소리로 말하면서, 자신의 의견을 밝혀야 할 때는 진지한 어투와 표정으로 대답할 것입니다.
5)기타	의외로 피드백에서 제가 "네-", "어어-", "그-" 등 면접 상황에 쓸 데 없는 추임새를 많이 넣었다고 합니다. 저는 그렇게 생각하지 못했었는데 저의 몰랐던 점을 지적해주셔서 감사합니다.

제가 하겠습니다
믿을 수 있게 친절하게 공감하게 떨림에서 설렘으로
명확하게 자신있게
경험이 보약이다
자신있게 말하기
Correct Easy Simple
합리적으로 생각하라
반갑습니다 미안합니다
고맙습니다 잘 했습니다

www.kocw.net

제5주차
말하기 연습
- Vocal

오늘의 수업

순서	주제	分	내용
1	오프닝	10	1) 큰 소리로 인사하며 만나기 2) 창조적인 출석 체크(재치있게 답하기[62]) 3) 수업 구호 외치기("믿자명친!")[63]
2	말 문 열기	10	1) 조별로 눈치게임[64], 접어게임[65] 2) 낯선 동료 만나서 ① 하이5 ② 거울놀이[66] ③ 먼저 웃으면 진다[67] ④ 파안대소 셀카 촬영[68]
3	놀이활동	10	1) 좋아 박수[68] 2) 반미고잘 놀이[70] 3) 폰 스토리텔링[71] 4) 카드 스토리텔링[72] ※놀이활동을 통해 말하기에 기본이 되는 여러 기술을 익힐 수 있다.
4	자기주도학습	20	1) 지난주 과제 내용 조원들과 나누기-학습 자료 참조 2) 다음주 과제 확인하기-학습 자료 참조
휴식			
5	Talk, Talk!	15	1) 동영상 감상-학습 자료 참고 2) 주제 토의-학습 자료 참조
6	오늘의 말하기 연습	25	※학습 자료 참고
7	침묵 스피치	5	청중 앞에 나와 30초간 청중 바라보기 1) 바라보기 2) 인사, 바라보기, 인사 3) 인사, 자기 암시문, 인사
8	클로징	5	1) 종이 이메일 쓰기 2) 수업 구호 외치기 "믿자명친!" 3) 큰 소리로 인사 나누며 헤어지기

62) 오늘 고마운 일(사람), 동료들에게 멋지게 인사 한 마디, 나의 자기 암시문, 말하기는 (　　　)이다, 빨리 고치고 싶은 나의 말하기 버릇 하나, 무인도 갈 때 갖고 싶은 것 3가지, 지금 내 머리 속의 생각 하나는? 지금 나의 감정 상태를 한 단어로 말한다면?, 나는 (　　　)를 만나 (　　　)을 묻고 싶다, 붕어빵 어디부터 먹나?, 오늘 주장하고 싶은 것, 오늘 다른 사람들에게 설득하고 싶은 것, 차 한 잔 사주고 싶은 낯선 동료, 나의 말하기 연습 방법, 이번 학기 발표력이 가장 성장한 우리 조원

63) "믿자명친":"믿을 수 있게!", "자신있게!", "명확하게!", "친절하게!"

64) 눈치게임:"하나, 둘,..." 외치며 빨리 일어나기. 가장 늦게, 동시에 일어나는 사람 ?1점. -5점 되면 책상 위에 엎드려 인디언 밥!

65) 접어게임:"조원들이 모두 일어서서 손가락을 편다. 한 사람씩 돌아가면서 "안경 쓴 사람 접어!" 하면, 해당자는 손가락을 접는다. 손가락 5개 접으면 책상 위에 엎드려 인디언 밥!

66) 거울놀이:한 사람은 거울 앞에 선 사람, 다른 한 사람은 거울 속에 비친 사람. 거울 앞에 선 사람의 다양한 동작을 거울 속의 사람이 똑같이 따라 한다. 30초씩 교대로.

67) 먼저 웃으면 진다:서로 마주 바라본다. 먼저 웃으면 진다. 3회.

68) 파안대소 셀카촬영:둘이 함께 환하게 웃으며 촬영 후, 카독방에 게시한다.

69) 좋아 박수:"나는내가정말좋아"를 외치며 발음 사이에 박수 치기. "나V는V내V가V정V말V좋V아V나는VV내가VV정말VV좋아VV나는내가VVVV, ... 좋다VVVVVVVVV"

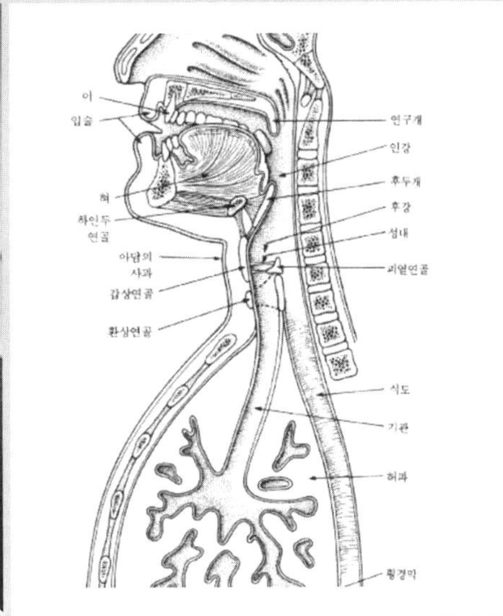

70) 반미고잘 놀이:여럿이 둘러서서 한 사람이 옆 사람 바라보며 큰 소리로 "반갑습니다" 하면 인사받은 사람도 다른 사람 바라보며 "반갑습니다". 계속 해서 "미안합니다", "고맙습니다", "잘 했습니다"

71) 폰 스토리텔링:스마트폰에 저장된 사진 1장 보여주며 30초간 이야기하기.

72) 카드 스토리텔링:단어가 적힌 카드 한 장씩 뒤집으며 그 단어 이용해서 이야기 이어가기.

학습 자료

01 자기주도학습

1) 지난주 자기주도학습(과제) 내용 조원들과 나누기

2) 다음주 자기주도학습(과제) 확인하기[73]

(1) KOCW 7-8주차 목소리(내용 요약, 내가 적용할 점, A4 1매)

(2) Tongue Twister 카톡방에 녹음하기(천천히 또박또박)

02 Talk, Talk

1) 동영상 감상[74]

2) 조별 토의[75]

목소리로 알 수 있는 것

73) 말하기는 자기가 주도하는 학습(과제)을 통해 발전한다. 과제는 늦게 하면 품질이 낮아지고 시간이 많이 걸려 무거운 짐이 될 수 있다. 오늘 당장 하자.
74) 동영상은 주제에 맞게 담당교수가 준비한다.
75) 조별 토의 후 조원이 다른 조에 가서 공유하면 효과적이다.

03 오늘의 말하기 연습

1) 소리를 만드는 인체의 기관 그림 그리기[76]

소리가 만들어지는 과정
– 호흡기관, 발성기관, 조음기관 그려보기

76) 이 그림은 네이버 이미지 검색을 통해 볼 수 있다.

2) 불기 연습

(1) 촛불 끄기[77]

(2) 동전 불기[78]

(3) 풍선 불기[79]

3) 발음 연습

(1) 어떻게 하면 다음 메시지를 전화로 다른 사람에게 정확히 전달할 수 있을까?[80]

굿 리포트 만들기 13계명

- 저기있는저말뚝이말을맬수있는말뚝이냐말을맬수없는말뚝이냐
- 저분은백법학박사이고이분은박법학박사이시다
- 작년에온솥장수는새솥장수이고금년에온솥장수는헌솥장수이다.
- 멍멍이네꿀꿀이는멍멍해도꿀꿀하고꿀꿀이네멍멍이는꿀꿀해도멍멍하네
- 간장공장공장장은강공장장이고된장공장공장장은공공장장이다
- 저기가는저상장수가새상장수나헌상장수냐
- 중앙청창살은쌍창살이고시청창살은외창살이다
- 검찰청쇠철창살은새쇠철창살이냐헌쇠철창살이냐
- 한양양장점옆한영양장점,한영양장점옆한양양장점
- 저기있는말말뚝이말맬만한말뚝이냐말못맬만한말뚝이냐
- 옆집팥죽은붉은팥팥죽이고뒷집콩죽은검은콩콩죽이다
- 상표붙인큰깡통은깐깡통인가안깐깡통인가
- 내가그린기린그림은잘그린기린그림이고네가그린기린그림은못그린기린그림이다
- 강낭콩옆빈콩깍지는완두콩깐빈콩깍지이고완두콩옆빈콩깍지는강낭콩깐빈콩깍지이다
- 내가그린구름그림은새털구름그린그림이고네가그린구름그림은깃털구름그린그림이다
- 앞집팥죽은붉은팥풋팥죽이고뒷집콩죽은햇콩단콩콩죽이고우리집깨죽은검은깨깨죽인데사람들은햇콩단콩콩죽깨죽먹기를싫어하더라

---

77) 멀리서 숨을 불어서 촛불을 꺼보자.
78) 책상 위의 동전(남자 500원짜리, 여자 100원짜리)을 불어서 멀리 보내기
79) 풍선은 한 숨으로 이어서 불어야 한다. 촛불을 불 때, 동전을 불 때처럼 한 번에 길게 불어야 한다. 이것이 복식호흡이다. 말을 할 때 이런 상태로 말해야 맑고 깊은 목소리가 나온다.
80) 말하기의 목적은 상대방에게 내 말을 잘 전달하는 단계를 넘어, 상대방이 내 말을 충분히 이해할 수 있도록 배려하는 데 있다. 발음, 끊어 말하기, 빠르기 등이 필요하다.
81) 다음과 같은 발음은 특별히 바르게 표현해야 한다. 개, 게 / 내게, 네게 / 제주, 재주 / 예기, 얘기 / 모래, 모레 / 정수기, 정숙이 / 밥 맛, 밤 맛 / 마시는 물, 맛있는 물 / 네 말, 내 말 / 마리아가 말이야 / 잘 안다, 잘 한다
82) 조별로 1명씩 표현하고 나머지 사람이 자신이 전달받은 감정의 번호를 손가락으로 표시한다. 목소리 표현 때에는는 표정이 보이지 않게 가면이나 보자기로 얼굴을 가린다.

4) 목소리 공식 8가지

(1) 발음

- 상대방이 입 모양만 봐도 알 수 있게 명확하게 발음하라.
- 전달이 어려울 경우에는 부연 설명, 입체적인 목소리 효과, 행동 언어를 더하라.

(2) 크기

- 사람 수나 공간의 크기에 맞춰 잘 들릴 수 있게 크게 또는 작게 말하라. 메시지의 강조할 부분은 크게 말하라.
- 소리의 크기는 공명으로 조절하라.
- 끝말을 흘리지 말라.

(3) 속도

- 말하려는 메시지 중 강조할 부분은 천천히 또박또박 말하라.
- 의미에 따라 빠르게 혹은 천천히 말하라.
- 상대방이 머릿속으로 받아쓰기를 할 수 있는 속도로 말하라.

(4) 끊기

- 상대방이 생각하며 들을 수 있게 적당한 곳에서 끊어서 말하라.
- 침묵도 말하기의 일부다. 학습자에게 생각할 시간을 줘라.

(5) 공명

- 상대방이 호감을 가질 수 있게 맑고 고운 목소리로 말하라.

(6) 어조

- 말하려는 메시지나 상황에 가장 어울리는 목소리를 내라.

(7) 강약

- 말하려는 메시지 중 강조할 부분은 강하게 말하라.
- 의미에 따라 강하게 혹은 약하게 표현하라.

(8) 높낮이

- 말하려는 메시지 중 강조할 부분은 높게 말하라.
- 의미에 따라 높게 혹은 낮게 말하라.
- 말이 종결될 때는 하조(下調), 계속될 때는 상조(上調)로 말하라.

5) "여보세요" 게임

우리는 언어와 비언어(목소리, 서신, 표정, 몸짓 등)로 생각(의미)과 감정을 표현한다. 사람에게는 6가지 기본 감정이 있다. 의미는 주로 언어를 통해, 감정은 비언어를 통해 표현된다. 목소리와 표정을 통해 6가지 기본 감정(①기쁨, ②슬픔, ③놀람, ④혐오, ⑤분노, ⑥공포)을 표현해보자.

(1) 목소리로("여보세요")

(2) 표정으로

(3) 목소리와 표정을 일치해서

제가 하겠습니다
믿을 수 있게 친절하게 공감하게 떨림에서 설렘으로
명확하게 자신있게
경험이 보약이다
자신있게 말하기
Correct Easy Simple
합리적으로 생각하라
반갑습니다 미안합니다
고맙습니다 잘 했습니다

www.kocw.net

제6주차
말하기 연습
- Visual

오늘의 수업

순서	주제	分	내용
1	오프닝	10	1) 큰 소리로 인사하며 만나기 2) 창조적인 출석 체크(재치있게 답하기[83]) 3) 수업 구호 외치기("믿자명친!")[84]
2	말 문 열기	10	1) 조별로 눈치게임[85], 접어게임[86] 2) 낯선 동료 만나서 ① 하이5 ② 거울놀이[87] ③ 먼저 웃으면 진다[88] ④ 파안대소 셀카 촬영[89]
3	놀이활동	10	1) 좋아 박수[90] 2) 반미고잘 놀이[91] 3) 폰 스토리텔링[92] 4) 카드 스토리텔링[93] ※놀이활동을 통해 말하기에 기본이 되는 여러 기술을 익힐 수 있다.
4	자기주도학습	20	1) 지난주 과제 내용 조원들과 나누기-학습 자료 참조 2) 다음주 과제 확인하기-학습 자료 참조
			휴식
5	Talk, Talk!	15	1) 동영상 감상-학습 자료 참고 2) 주제 토의-학습 자료 참조
6	오늘의 말하기 연습	25	※학습 자료 참고
7	침묵 스피치	5	청중 앞에 나와 30초간 청중 바라보기 1) 바라보기 2) 인사, 바라보기, 인사 3) 인사, 자기 암시문, 인사
8	클로징	5	1) 종이 이메일 쓰기 2) 수업 구호 외치기 "믿자명친!" 3) 큰 소리로 인사 나누며 헤어지기

83) 오늘 고마운 일(사람), 동료들에게 멋지게 인사 한 마디, 나의 자기 암시문, 말하기는 (　　)이다, 빨리 고치고 싶은 나의 말하기 버릇 하나, 무인도 갈 때 갖고 싶은 것 3가지, 지금 내 머리 속의 생각 하나는? 지금 나의 감정 상태를 한 단어로 말한다면?, 나는 (　　)를 만나 (　　)을 묻고 싶다, 붕어빵 어디부터 먹나?, 오늘 주장하고 싶은 것, 오늘 다른 사람들에게 설득하고 싶은 것, 차 한 잔 사주고 싶은 낯선 동료, 나의 말하기 연습 방법, 이번 학기 발표력이 가장 성장한 우리 조원

84) "믿자명친":"믿을 수 있게!", "자신있게!", "명확하게!", "친절하게!"

85) 눈치게임:"하나, 둘...." 외치며 빨리 일어나기. 가장 늦게, 동시에 일어나는 사람 ?1점. -5점 되면 책상 위에 엎드려 인디언 밥!

86) 접어게임:"조원들이 모두 일어서서 손가락을 편다. 한 사람씩 돌아가면서 "안경 쓴 사람 접어!" 하면, 해당자는 손가락을 접는다. 손가락 5개 접으면 책상 위에 엎드려 인디언 밥!

87) 거울놀이:한 사람은 거울 앞에 선 사람, 다른 한 사람은 거울 속에 비친 사람. 거울 앞에 선 사람의 다양한 동작을 거울 속의 사람이 똑같이 따라 한다. 30초씩 교대로.

88) 먼저 웃으면 진다:서로 마주 바라본다. 먼저 웃으면 진다. 3회.

89) 파안대소 셀카촬영:둘이 함께 환하게 웃으며 촬영 후, 카독방에 게시한다.

90) 좋아 박수:"나는내가정말좋아"를 외치며 발음 사이에 박수 치기. "나∨는∨내∨가∨정∨말∨좋∨아∨나는∨∨내가∨∨정말∨∨좋아∨∨나는내가∨∨∨∨, ... 좋다∨∨∨∨∨∨∨∨"

91) 반미고잘 놀이:여럿이 둘러서서 한 사람이 옆 사람 바라보며 큰 소리로 "반갑습니다" 하면 인사받은 사람도 다른 사람 바라보며 "반갑습니다". 계속 해서 "미안합니다", "고맙습니다", "잘 했습니다"

92) 폰 스토리텔링:스마트폰에 저장된 사진 1장 보여주며 30초간 이야기하기.

93) 카드 스토리텔링:단어가 적힌 카드 한 장씩 뒤집으며 그 단어 이용해서 이야기 이어가기.

학습 자료

01 자기주도학습

1) 지난주 자기주도학습(과제) 내용 조원들과 나누기

2) 다음주 자기주도학습(과제) 확인하기[94)]

(1) KOCW 9주차 효과적인 시각적 표현

02 Talk, Talk

1) 동영상 감상[95)]

2) 조별 토의[96)]

(1) 시선, 표정, 몸짓에는 (   )이 있다.

03 오늘의 말하기 연습

1) Walking Talking[97)]

2) 40 Walks[98)]

3) 암흑 산책[99)]

4) 멀리서 말하기[100)]

5) 보자기 스피치[101)]

6) 마네킹 놀이(같은 동작 만들기)[102)]

7) 동작게임[103)]

8) 낯선 사람과 셀카 찍어오기[104)]

---

94) 말하기는 자기가 주도하는 학습(과제)을 통해 발전한다. 과제는 늦게 하면 품질이 낮아지고 시간이 많이 걸려 무거운 짐이 될 수 있다. 오늘 당장 하자.
95) 동영상은 주제에 맞게 담당교수가 준비한다.
96) 조별 토의 후 조원이 다른 조에 가서 공유하면 효과적이다.
97) 2~3명씩 그룹을 지어 캠퍼스를 산책하며 이야기를 나눈다.
98) 한 호흡으로 "하나, 둘, ... 마흔"까지 소리내며 걷는다. 반복해서.
99) 두 명이 짝을 짓는다. A가 눈을 가린 B를 안내하여 정해진 코스를 걷는다. 1m 떨어져서. 역할을 바꾼다.
100) 두 명이 짝을 짓는다. 20m 떨어진다. 먼저 A가 메시지를 전달하고, 중간 지점에서 만나 확인한 후, 역할을 바꾼다. ①입 모양으로 ②목소리로 ③목소리와 몸짓을 총동원해서
101) 두 사람이 짝을 마주 본다. ①A가 B에게 오늘 학교에서 있었던 일 한 가지를 설명한다. ②두 사람 사이를 보자기로 가린다. ③B가 오늘 학교에서 있었던 일 한 가지를 설명한다. ④두 가지 경우 표현하면서 느낀 점, 들으면서 느낀 점을 이야기해본다.
102) 3명이 1조를 만든다. 두 사람이 등을 지고 선다. A가 어떤 동작을 취한다. 술래가 그걸 A와 등지고 있는 B에게 말로 설명해서 똑같은 동작을 취하도록 설명한다.
103) 6~7명 정도가 앞으로 나란히 선다. 진행자가 맨 뒷사람에게 단어카드를 보여준다. 바로 앞 사람을 돌아서게 한 후 동작으로만 그 단어를 설명한다. 최종 전달받은 사람부터 자신이 전달받은 단어를 밝힌다.
104) ①근처에 있는 사람 아무나 1명씩 만나서 2컷 촬영하여 카톡방에 게시. ②부탁을 하는 방법을 공유한 후, 이번에는 이성 1명씩 만나서 2컷 촬영하여 카톡방에 게시

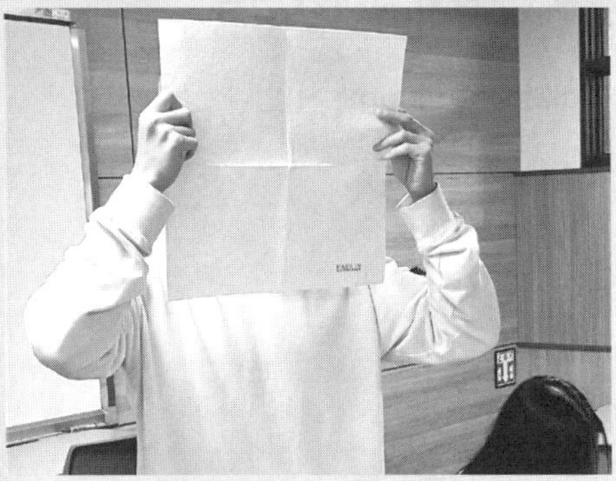

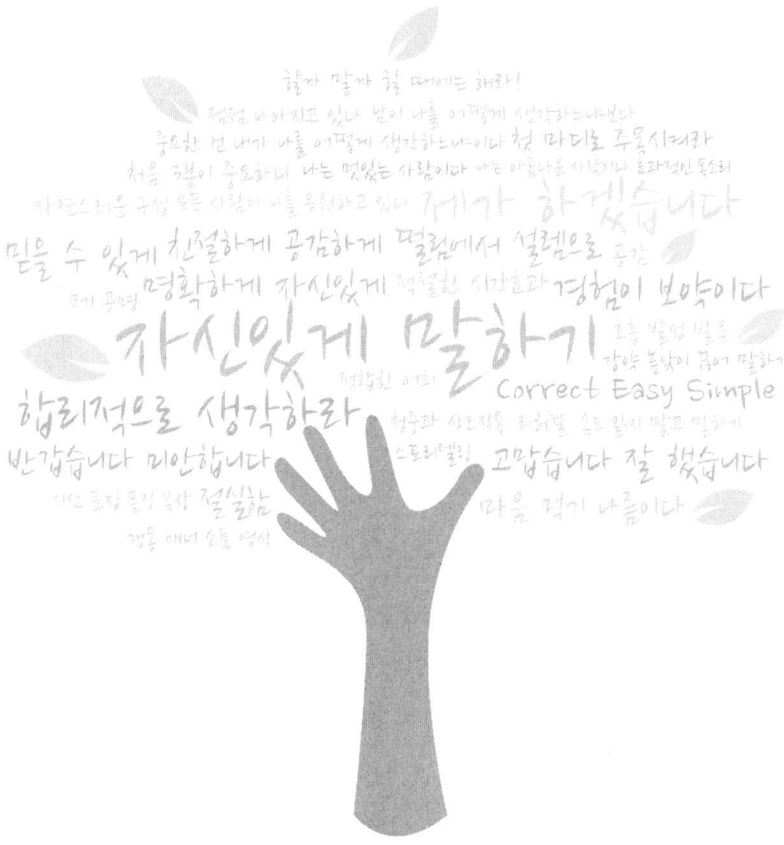
할까 말까 할 때에는 해라!
중요한 건 내가 나를 어떻게 생각하느냐이다 첫 마디로 주목시켜라
제가 하겠습니다
믿을 수 있게 친절하게 공감하게 떨림에서 설렘으로
명확하게 자신있게
경험이 보약이다
자신있게 말하기
Correct Easy Simple
합리적으로 생각하라
반갑습니다 미안합니다
고맙습니다 잘 했습니다
마음 적기 나름이다

www.kocw.net

제7주차
말하기 연습
- 질문·청문회

오늘의 수업

순서	주제	分	내용
1	오프닝	10	1) 큰 소리로 인사하며 만나기 2) 창조적인 출석 체크(재치있게 답하기[105]) 3) 수업 구호 외치기("믿자명친!")[106]
2	자기주도학습	5	1) 지난주 과제 내용 조원들과 나누기–학습 자료 참조 2) 다음주 과제 확인하기–학습 자료 참조
3	Talk, Talk!	20	1) 동영상 감상–학습 자료 참고 2) 주제 토의–학습 자료 참고
4	오늘의 말하기 연습	15	※ 학습 자료 참고
			휴식
5	청문회	45	1)조별 청문회 2)전체 앞 청문회
6	클로징	5	1) 종이 이메일 쓰기 2) 수업 구호 외치기 "믿자명친!" 3) 큰 소리로 인사 나누며 헤어지기

105) 오늘 고마운 일(사람), 동료들에게 멋지게 인사 한 마디, 나의 자기 암시문, 말하기는 ( )이다, 빨리 고치고 싶은 나의 말하기 버릇 하나, 무인도 갈 때 갖고 싶은 것 3가지, 지금 내 머리 속의 생각 하나는? 지금 나의 감정 상태를 한 단어로 말한다면?, 나는 ( )를 만나 ( )을 묻고 싶다, 붕어빵 어디부터 먹나?, 오늘 주장하고 싶은 것, 오늘 다른 사람들에게 설득하고 싶은 것, 차 한 잔 사주고 싶은 낯선 동료, 나의 말하기 연습 방법, 이번 학기 발표력이 가장 성장한 우리 조원

106) "믿자명친":"믿을 수 있게!", "자신있게!", "명확하게!", "친절하게!"

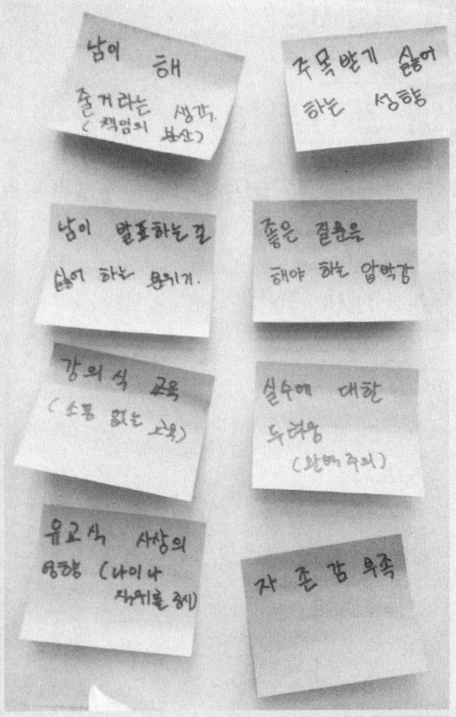
남이 해 줄거라는 생각.
(책임의 분산)
주목받기 싫어하는 성향
남이 발표하는걸 싫어하는 분위기.
좋은 질문을 해야 하는 압박감
강의식 교육
(소통 없는 교육)
실수에 대한 두려움
(완벽주의)
유교식 사상의 영향 (나이나 지위를 중시)
자존감 부족

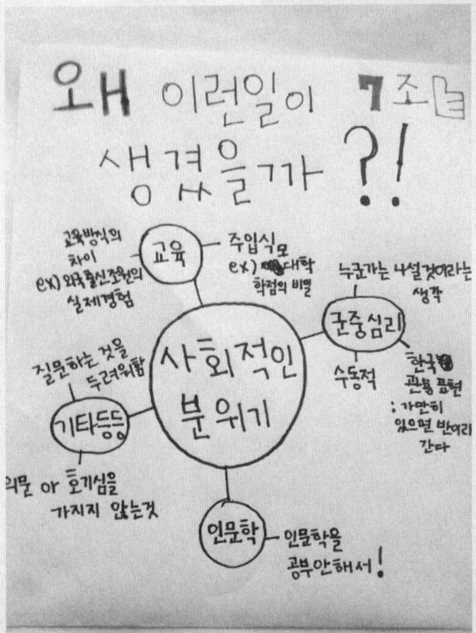
왜 이런일이 생겼을까?!
7조
교육
교육방식의 차이
ex) 외국출신교원의 실제경험
주입식으로
ex) 대학 학점의 비밀
군중심리
누군가는 나설것이라는 생각
수동적
한국의 관용 표현
: 가만히 있으면 반이라 간다
사회적인 분위기
기타등등
질문하는 것을 두려워함
의문 or 호기심을 가지지 않는것
인문학
인문학을 공부안해서!

학습 자료

01 자기주도학습

1) 지난주 자기주도학습(과제) 내용 조원들과 나누기

02 Talk, Talk

1) 동영상 감상[107)]

2) 조별 토의[75)]

(1) 그들은 왜 질문하지 못했을까?[108)](G-20 정상회의 오바마대통령 기자회견 질문)

(2) 수업 중 질문은 왜 필요한가?(질문의 유익한 점)

(3) 학습자들은 수업 중 왜 질문을 하지 않을까?

107) 동영상은 주제에 맞게 담당교수가 준비한다.
108) G20 정상회의 오바마대통령 기자회견에서 질문없는 한국기자들 동영상

(4) 학습자들은 왜 대답을 꺼릴까?

(5) 주인이 노예에게 이렇게 지시했다.

"첫째 날에는 감자밭에서 감자를 캐라.
둘째 날에는 감자를 한 곳에 쌓아라.
셋째 날에는 큰 감자는 오른쪽에, 작은 감자는 왼쪽에 쌓아라."
일을 마친 노예는 괴로워 울고 있었다. 왜 그랬을까?

(6) 엄마가 순이에게 심부름을 시켰다.

"학교에 갔다가 집에 올 때 라면, 고추장, 파, 떡을 사와라."
당신이 순이라면 엄마에게 어떻게 답할 것인가?

03 오늘의 말하기 연습

1) 대답 게임(1)[109]

(1) A가 B에게 닫힌 질문을 한다. 5회. 대답하게 해야 이긴다.

(2) B는 대답을 안 한다. 대답 안 해야 이긴다.

(3) 무엇을 느꼈는지 이야기를 나눈다.

109) 닫힌 질문은 "Yes, No"로 답하게 하는 것이다. (예:"Do you ......?)

2) 대답 게임(2)[110)]

(1) A가 B에게 열린 질문을 한다. 대답하게 해야 이긴다.

(2) B가 대답은 하지 않고 다른 열린 질문을 한다. 대답하게 해야 이긴다.

(3) 5회 계속한다.

(4) 무엇을 느꼈는지 이야기를 나눈다.

3) 그림 보고 질문하기[111)]

4) 꼬리에 꼬리를 무는 질문하기(5 Whys)[112)]

5) 질문 연습(학습자 → 교수자)

(1) 자기 소개

(2) 인사와 감사

(3) 묻고 싶은 것

(4) 감사와 인사

04 청문회

1) 1명씩 전체 앞에 나온다.

2) 30초 간 자기 소개를 한다.

3) 청중의 질문에 답한다.[113)]

4) 주어진 시간 동안 질문과 답을 계속한다.

---

110) 열린 질문은 구체적으로 서술할 수 있게 묻는 것이다. (예:"How.......?)
111) 진행자가 그림 하나를 보여준다. 그 그림에 대해 궁금한 점을 하나씩 묻는다.
112) 두 사람이 마주 본다. A가 묻는다. B가 답한다. B의 답에 "왜?"로 묻는다. 계속 5회 한다. 역할 바꾸어서.
113) 1인당 2회 이상 질문한다. 공감있는 질문, 대답이 조금은 곤란한 질문, 꼬리에 꼬리를 무는 질문이 좋다. 답변은 재치있게, 短問長答이 좋다.

05 면접 준비

제8주차 면접에 대한 자료와 예상 문제를 참고하여 모의면접을 준비해오기.

1) 자기 소개서를 작성하라.

미래에 내가 취업하려는 직장 한 곳에 지원했다고 상상하자. 그 기업에 제출할 자기 소개서를 다음과 같은 내용으로 작성해보자. 자기 소개서는 평소에 미리 작성해놓고 계속 업데이트해야 한다. 가능하면 자신이 지원하려는 회사의 자기 소개서 양식을 구해 실제로 나의 자기 소개서를 작성해보자.

내용	설명
① 지원동기 및 희망업무	
② 입사 후 포부	
③ 성장배경 및 가족관계	
④ 학력(전공) 및 경력사항	
⑤ 본인의 장단점	
⑥ 성격 및 생활신조	

2) 면접을 위한 기본 준비[114]

(1) 지원한 회사에 대한 기본정보

면접전형에서는 최고의(Best) 지원자를 선발하는 것이 아니라 최적의(Right) 지원자를 선발한다. 따라서 지원자는 자신이 지원한 기업의 기본정보를 충분히 이해한 후 전형에 임하는 것이 기업 측이나 지원자 측 모두에게 유익하다.

- 회사의 연혁
- 회장 또는 사장 등의 대표 이름, 출신학교, 전공과목
- 회장 또는 사장 등의 대표가 요구하는 신입사원의 인재상
- 회사의 사훈, 사시, 경영이념, 창업정신
- 회사의 대표적인 상품, 특색
- 업종별 계열회사, 해외지사, 해외현지법인
- 업종별 시장 점유율

114) 전미옥, 윤종현, 박하영(2007). 취업면접 마스터하기. 시스컴출판사.

- 신개발품에 대한 기획 여부
- 회사의 잠재적 능력개발에 대한 제언
- 회사의 광고 홍보물에 대한 이해

⑵ 면접 전 준비

- 면접 전 날 충분한 수면을 취하자
- 생기있는 얼굴로 대면하자
- 정보에 민감한 사람이 되자
- 필요한 준비물은 확실하게 챙기자

⑶ 면접시 주의사항

① 지각은 금물

면접에 지각하는 사람을 고운 시선으로 볼 리가 없다. 사전에 회사의 위치와 면접 장소, 시각을 정확히 파악하고 여유있게 면접장에 도착하자.

② 대기실 착석

마음을 가다듬고 예상 질문과 답변을 생각한다. 대기실의 회사 홍보 자료를 보며 회사의 분위기를 파악하자.

③ 입실할 때

자신을 호명하면 자신있게 "예"라고 대답하고 들어간다. 문이 닫혀 있을 때에는 노크를 한 후, 대답을 듣고 나서 들어간다. 문은 조용히 열고 닫고 공손한 자세로 인사를 한 후, 수험번호를 또렷이 대고 면접관의 지시에 따라 의자에 앉는다.

④ 의자에 앉을 때

소리나지 않게 조용히 의자에 앉는다. 의자에 걸터앉지 말고 깊숙이 들여 앉되, 남자는 무릎을 약간 벌리고 여자는 붙인다. 양손은 무릎에 가지런히 얹는 것이 좋다.

⑤ 발랄하고 자신감있는 태도 유지

침착하면서도 밝은 표정으로 예의를 지키며 질문에 응한다. 부담스러운 질문을 받더라도 우물거리지 말고 패기있고 자신감있게 명확히 행동한다. 자신이 하고 싶은 일을 당당히 말한다.

⑥ 과장과 거짓은 피하라

질문 사항에 대한 과장이나 거짓 대답은 금물이다. 불필요한 사족을 달거나 수다를 떠는 것도 피해야 한다. 먼저 결론을 말하고 나중에 부수적인 설명을 덧붙이는 것이 좋다. 모르면 모른다고 솔직히 대답한다.

⑦ **암기식 답변은 No**

면접관의 질문은 자기 소개서를 토대로 이뤄진다. 자기 소개서를 암기해서 읽는 건 시간 낭비. 답변은 나를 충분히 알릴 수 있는 좋은 기회다.

⑧ **퇴실할 때**

퇴장 방법도 면접의 대상이다. 면접을 마치면 조용히 일어나 "감사합니다."라고 자신있게 인사를 한 후 당당한 자세로 문 앞까지 가서 다시 목례를 하고 조용히 문을 닫고 나간다. 면접관은 지원자의 일거수일투족을 관찰한다.

모의면접 예상 문제(미리 풀어봅시다)

대학시절 어떤 교수님과 어떻게 소통했나요?	요즘 가장 화가 나는 사회적 이슈는 무엇인가요?	자신을 면접관이라 생각하고 자신에게 질문 하나 하고 답해보세요.
당신의 이름은 무슨 뜻인가요? 누가 지었나요?	권력자들의 채용 청탁 비리에 대해 어떻게 생각하나요?	외할아버지나 외할머니의 성함을 아나요?
"이렇게 말해줘서 그때 힘이 났다" 이런 경험 있다면 소개해주세요.	앞으로 10년 이내에 없어질 직업 하나, 새로 생겨날 직업 하나를 말해보세요.	남북이 통일 될 경우 긍정적인 점, 부정적인 점 1가지씩만 얘기해보세요.
최저임금제에 대해 어떻게 생각하세요?	인생에서 가장 중요한 것 3가지를 말해보세요.	면접관에게 묻고 싶은 게 있다면 어떤 건가요?
자기 자랑 하나 해보세요.	학생과 직장인의 가장 큰 차이점은 어떤 것이 있을까요?	오늘 개인적으로 굿 뉴스가 있다면 어떤 것인가요?
직업을 통해 추구하려는 게 무엇인가요?	바람직한 직장인 상은 어떤 모습인가요?	가까이 해야 할 사람과 멀리 해야 할 사람의 기준은 무엇인가요?
봉사활동 경험이 있나요? 있다면, 특별히 기억에 남는 것은 무엇인가요?	살아오면서 어떤 일을 열정적으로 성취한 경험이 있습니까?	직장인에게 취미생활이 왜 필요한가요?
가장 감명 깊게 읽은 책, 다른 사람에게 권하고 싶은 책이 있습니까?	남들과는 다른 자신만의 개성은 무엇인가요?	이런 성적으로 우리 회사에 입사할 수 있다고 생각하세요?
가족을 소개해보세요.	1분간 자기소개를 해보세요	어려운 일이 생기면 누구와 상의합니까?
의자의 다리는 왜 4개라고 생각하세요?	인간이 지구상 모든 생물체를 다스리는 가장 큰 힘은 무엇이라고 생각하세요?	어떻게 하면 사과 3개를 맛있게 먹을 수 있을까요?

대인관계에 있어 가장 중요한 것은 무엇이라고 생각합니까?	어떤 때에 스트레스를 느끼며, 어떻게 스트레스를 해소합니까?	자신의 성격은 어떻다고 생각하세요?
당신은 친구들로부터 어떤 평가를 받고 있다고 생각합니까?	당신을 '색'으로 비유한다면 무슨 색입니까? 왜 그렇게 생각하나요?	주위 사람들은 당신을 어떠한 사람이라고 하나요?
최근 화가 났던 일은 어떤 일입니까?	이것만큼은 남에게 질 수 없다고 생각하는 것은 무엇입니까?	일상생활에서 일어나는 어려운 문제는 어떻게 해결하나요?
직장 선택의 첫째 기준은 무엇입니까?	왜 취업하려고 합니까?	10년 후 오늘, 당신은 어디서 무슨 일을 하고 있을까요?
친구를 사귈 때 어떤 점을 중요하게 보세요?	대학생활 중 가장 몰두한 일은 무엇입니까?	전공이나 교양 과목 중 특별히 관심을 갖고 공부한 것은 무엇입니까?
이솝의 우화 중 당신이 거북이라고 하죠. 어떻게 하면 토끼를 한번 이길 수 있을까요?	학창시절에 어떤 아르바이트를 해 봤습니까?	운전자 없는 자동차가 실용화하면 어떤 직종이 생겨나고 어떤 직종이 사라질까요?
동성애에 대해 어떻게 생각하세요?	어떻게 말하는 것이 말을 잘 하는 것이라고 생각하십니까?	요즘 신세대들의 특성에 대한 견해를 말해보세요.
4차혁명 시대가 당면한다면, 당신의 전공은 어떤 상황에 처할까요?	1만원을 가장 가치있게 사용할 수 있는 방법은 무엇입니까?	1시간을 가장 가치있게 사용할 수 있는 방법은 무엇입니까?
자신의 소지품 중 한 가지를 면접관에게 팔아보세요.	배상과 보상은 어떻게 다른가요?	남북한이 연합할 경우 일본이 얻을 것, 잃을 것은 무엇인가요?
지난 시간에 과제를 내지 못했습니다. 과제를 받아달라고 교수님을 설득해보세요. 실제 상황처럼 말해보세요.	교통사고로 친구가 어머니를 잃었습니다. 친구에게 어떻게 위로의 말을 할 겁니까?실제 상황처럼 말해보세요.	기차표를 사기 위해 사람들이 길게 줄을 서 있습니다. 상황이 급해 끼어들기를 해야 합니다. 어떻게 양해를 구할 것인지 실제 상황처럼 말해보세요.
잘 하는 일과 하고 싶어하는 일 중 어느 것을 선택할 것입니까? 왜 그렇게 생각하세요?	어머니, 배우자, 자식이 물에 빠졌다면 누구를 먼저 구할 겁니까? 왜?	교실에 뱀이 들어왔다면 어떻게 할 겁니까?
주 52시간 근무제가 실시되고 있습니다. 대학시절 학기 중에 1주일에 몇 시간 정도 공부를 하셨나요?	스마트폰이 학습활동에 미치는 좋은 점, 나쁜 점 한 가지씩 들어보세요.	스마트폰이 출현하면서 사라진 직종이 있다면 어떤 것이 있나요?
청중 앞에서 발표할 때 두려움은 왜 생긴다고 생각하나요?	국민 건강 보호를 위해 담뱃값을 현재 3~4배로 인상하는 것을 어떻게 생각하세요?	인생에서 가장 가슴이 뛰던 순간은 언제였나요?

성 폭행범을 화학적으로 거세하는 것에 대해 어떻게 생각하십니까?	글로벌화를 위해 영어를 제2국어로 공용화하는 것을 어떻게 생각하세요?	여성도 국방의 의무를 하도록 하는 주장에 대한 의견은 무엇입니까?
무인도에 한 달 간 들어가 산다면, 가져갈 물건 3가지는 무엇인가요?	우리나라 사람들의 행복도는 여러 조사에서 중간 이하로 나타나고 있습니다. 가장 큰 이유 두 가지는 무엇인가요?	지금 500만원과 15일의 휴가가 주어진다면 어떻게 쓸 건가요?
흡연에 대한 생각은 무엇입니까? 찬성이든 반대이든 상대편을 설득해보세요.	오늘 면접을 위해 당신이 기대한 질문이 있다면 그걸로 자문자답 해보세요.	오늘 면접을 위해 당신이 기대한 질문이 있다면 그걸로 자문자답 해보세요.
대학생활을 하면서 팀플 활동을 할 때 당신은 어느 위치였나요?	다른 회사가 스카웃 제의를 한다면, 어떤 점을 먼저 살펴볼 것인가요?	갑자기 1천만원이 필요합니다. 언제까지 어떻게 마련할 건가요?
상사가 자신의 신념과 반하는 지시를 한다면 따를 것입니까?	상사가 당신의 아이디어를 가로챈다면 어떤 태도를 취할 겁니까?	인생에서 가장 만족스러웠던 일은 무엇이고, 가장 후회스러웠던 일은 무엇인가요?
함께 일하고 싶지 않은 사람은 어떤 사람인가요? 왜 그런가요?	당신의 적성이 이 일에 어울린다고 생각하나요?	당신 생김새는 우리 회사랑 잘 어울리지 않는데.... 어떻게 생각하세요?
우리 회사가 당신을 뽑으면 어떤 유익이 있을까요?	우리 회사의 이 직무를 선택한 이유는 무엇인가요?	야근이 잦을 텐데 그래도 즐겁게 일할 수 있나요?
새벽 3시, 광화문 광장으로 불러낼 친구가 몇 명이나 되나요?	닮고 싶은 멘토가 있다면 누구인가요? 왜?	최근 가장 인상깊게 읽은 책은 무엇이고, 그 메시지는 무엇인가요?
토익 점수가 낮군요. 언제부터 토익공부를 본격적으로 시작했나요?	친구나 동료의 부탁을 적극적으로 도와준 경험이 있나요? 있다면 어떤 것인가요?	남들과는 다른 자신만의 특별한 경험이나 능력이 무엇이며, 그걸 입사 후 어떻게 업무에 적용할 건가요?
당신이 우리 회사에서 일하고 싶은 이유에 앞서, 우리가 당신을 뽑아야 하는 이유는 무엇입니까?	직장상사가 당신에게 사적인 부탁을 한다면 어떻게 거절할 것입니까?	75% 확률로 100만원 당첨 , 50% 확률로 300만원을 당첨 복권, 25%의 확률로 1000만원 당첨 복권이 있습니다. 어떤 것을 사겠습니까? 왜?
업무 중 소속 팀에 이득이 되는 일과, 회사 전체적으로 이득을 보는 일 중 어느 쪽을 택할 겁니까?	앞으로 우리나라는 일본과 어떻게 관계를 개선해나갈 수 있을까요?	우리나라는 미국과 중국 사이에서 매우 어려운 입장입니다. 한다고 생각하세요? 왜?
남북통일을 찬성하십니까? 찬성한다면, 반대한다면 그 이유는 무엇입니까?	SNS를 하는 이유는 무엇이고, 안 하는 이유는 무엇입니까?	우리 회사 입사 5년 후 당신의 목표를 말해보세요.

공부하는 것과 일하는 것 중 어느 것이 더 쉬울 거라고 생각하세요?	살아오면서 가장 중요하게 생각하는 가치는 무엇입니까?	최근 우리 사회 이슈 중에 가장 관심이 가는 것은 어떤 것이며, 그에 대한 본인의 생각은 무엇입니까?
당신 인생에서 최고의 사건, 최악의 사건 하나씩 말해보세요.	오늘 우리 회사에 면접하러 오면서 느낀 점은 무엇입니까?	우리 회사에서 진행 중인 사업 중 개선할 점이 있다면 어떤 것입니까?
대학생활과 직장생활을 비교해볼 때 인간관계 면에서 어떤 점이 차이가 날 것 같나요?	대학생활과 직장생활을 비교해볼 때 시간관리 면에서 어떤 점이 차이가 날 것 같나요?	대학생활과 직장생활을 비교해볼 때 경제생활 면에서 어떤 점이 차이가 날 것 같나요?

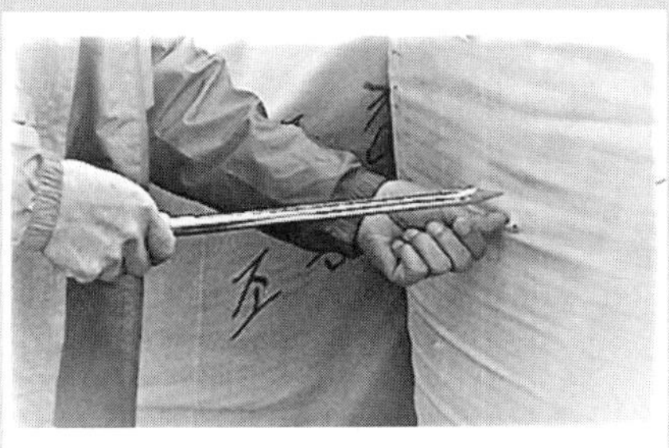

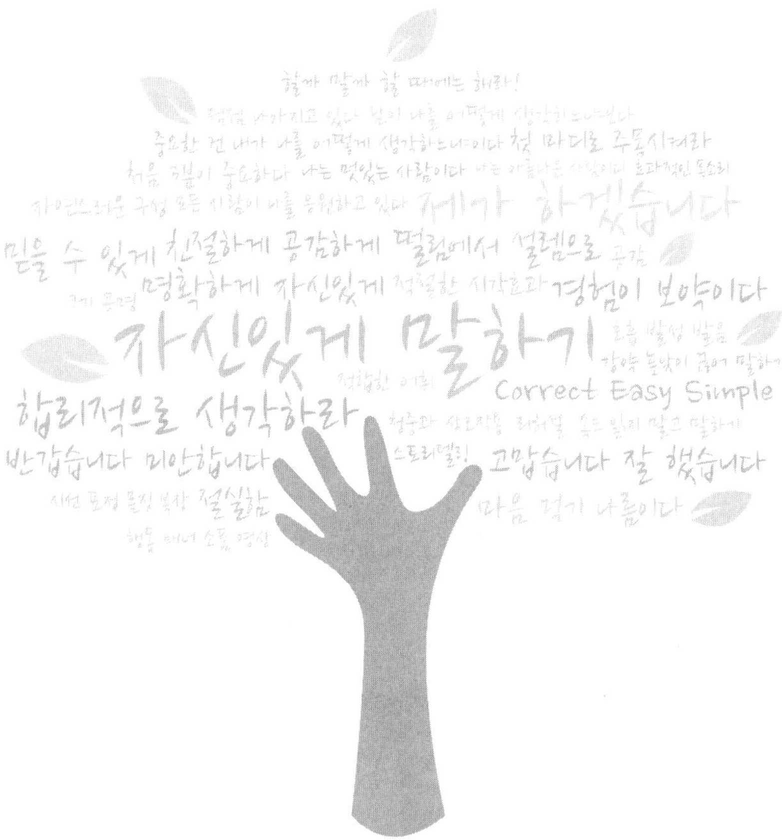
할까 말까 할 때에는 해라!
중요한 건 내가 나를 어떻게 생각하느냐이다 첫 마디로 주목시켜라
제가 하겠습니다
믿을 수 있게 친절하게 공감하게 떨림에서 설렘으로
명확하게 자신있게
경험이 보약이다
자신있게 말하기
Correct Easy Simple
합리적으로 생각하라
반갑습니다 미안합니다
고맙습니다 잘 했습니다

www.kocw.net

제8주차
발표
- 모의면접

오늘의 수업

순서	주제	分	내용
1	오프닝	5	1) 큰 소리로 인사하며 만나기 2) 창조적인 출석 체크(재치있게 답하기[115]) 3) 수업 구호 외치기("믿자명친!")[116]
2	발표 준비	5	1) 지난주 과제 내용 조원들과 나누기-학습 자료 참조 2) 다음주 과제 확인하기-학습 자료 참조
3	모의 면접	85	1)2분30초 2)면접관의 질문에 답하기 3)피드백:잘 한 점, 개선할 점을 피드백 용지에 기록
	평가와 피드백		1)정해진 인원 수 만큼 우수자 평가 2)피드백 용지 발표 순서대로 모아서 해당 발표자에게 전달.
4	클로징	5	1) 종이 이메일 쓰기 2) 수업 구호 외치기 "믿자명친!" 3) 큰 소리로 인사 나누며 헤어지기

115) 오늘 고마운 일(사람), 동료들에게 멋지게 인사 한 마디, 나의 자기 암시문, 말하기는 (　　)이다, 빨리 고치고 싶은 나의 말하기 버릇 하나, 무인도 갈 때 갖고 싶은 것 3가지, 지금 내 머리 속의 생각 하나는? 지금 나의 감정 상태를 한 단어로 말한다면?, 나는 (　　)를 만나 (　　)을 묻고 싶다, 붕어빵 어디부터 먹나?, 오늘 주장하고 싶은 것, 오늘 다른 사람들에게 설득하고 싶은 것, 차 한 잔 사주고 싶은 낯선 동료, 나의 말하기 연습 방법, 이번 학기 발표력이 가장 성장한 우리 조원

116) "믿자명친":"믿을 수 있게!", "자신있게!", "명확하게!", "친절하게!"

학습 자료

01 면접은…

면접은 평가 대상자를 직접 만나 서류 전형을 통해 발견하지 못한 점을 찾아보기 위한 것입니다. 농촌에서는 벼나 쌀을 수매할 때 '창대'라는 도구를 가마니 속에 찔러 넣어 샘플을 꺼냅니다. 창대에 담겨 나오는 샘플만으로 가마니 안의 벼나 쌀 상태를 간단히 알아낼 수가 있습니다. 면접관의 질문은 창대라고 할 수 있습니다. 면접관의 질문으로 대상자의 모든 것이 드러나기 마련입니다.

면접관의 질문에는 그걸 통해 진짜 알고 싶어 하는 의도가 숨어 있습니다. 답변자는 그걸 빨리 파악하고 보여줘야 합니다. 면접관의 질문은 시종일관 이렇습니다. "왜 우리가 널 뽑아야 하나?"

따라서 답변자의 답변은 시종일관 이래야 합니다. "이래서 절 뽑아주셔야 합니다!" 면접관이 어떤 걸 물어도 답변자는 다음의 답변으로 결론을 유도해야 합니다. "절 꼭 뽑아주십시오"

답변자는 면접에서 막힘 없이 말하기나 복장을 중시할지 모르지만, 면접관은 그런 것보다는 '사람'을 봅니다. "이 사람이 우리와 함께 하기에 적합한가?"를 봅니다. 말하기 기술만 잘 발휘한다고 성공하는 건 아닙니다.

가장 위험한 방법은 면접 문답서를 구해서 내용을 암기하는 것입니다. 그렇게 하면 남의 생각으로 답할 수밖에 없습니다. 그러니 떨릴 수밖에 없습니다. 내 생각이 명확하고 그것을 표현할 수 있으면 답변에 염려할 것이 없습니다. 다른 사람의 상투적인 답이 아니라 내 생각을 말해야 합니다. 그러자면 내 생각을 평소에 잘 정리해놓아야 합니다.

또 평소 그러한 생각을 뒷받침할 수 있는 준비를 하며 살아야 합니다. 대한적십자사에 입사 면접을 준비하려면 적어도 헌혈증이나 RCY 경력 정도는 이미 오래 전에 구비해놨어야 합니다.

짧은 시간에 면접 기술을 터득해서 취업의 벽을 넘는다는 것은 사실상 어렵습니다. 오래 전부터 해당 분야에 대해 많은 준비를 해놔야 합니다. 막연하게 "앞으로 잘 하겠습니다!"보다 "잘 할 수 있습니다!", "이미 이렇게 준비가 되어 있습니다!"라고 답할 수 있어야 합니다.

02 면접에 응하는 방법

다음 몇 가지는 면접 때 도움이 될 겁니다.

1) MOT(Moment Of Truth), 진실은 첫 만남 10초 이내에 드러난다고 합니다. 처음 보여주는 표정과 외모, 처음 들려주는 목소리에 당신의 모든 것이 드러납니다. 밝은 표정과 확신을 주는 목소리로 표현해야 합니다. 말의 끝 부분이 흐려지지 않도록 해야 합니다. 서류가 아니라 사람을 직접 만나는 이유는 태도를 확인하기 위해서입니다.

2) 면접은 대화입니다. 질문의 핵심에서 벗어나지 말아야 합니다. 상대방이 무엇을 알고 싶어하는지를 빨리 파악하고 거기에 맞게 답변을 해야 합니다. 왜 그런 질문을 하는지 숨은 의도를 생각하며 들어야 합니다. 질문에서 내가 답변할 키워드를 빨리 찾아내야 합니다. 동문서답이 되면 안됩니다.

3) 질문에 관한 답이 얼른 생각이 나지 않을 때에는 리핏(Repeat)화법을 사용하면 좋습니다. 상대방의 질문 내용을 다시 언급하면서 시간을 버는 방법입니다. "예, 대학시절에 제가 생각한 미래의 직업에 대해 물으셨습니다. ....."

4) 어떤 질문에도 답변은 결국 회사가 자신을 선택하는 데 도움이 되는 쪽으로 마무리하는 것이 좋습니다.

5) A나 B에서 어느 쪽이냐는 흑백 논리형 질문에는 신중하고도 균형감 있게 절충하며 답하는 것이 좋습니다.

6) "휴일에도 출근을 할 수 있나?, "야근을 할 수 있나?" 같은 질문에 대해서는 특별한 상황에서 어찌할 것인지를 묻는 것인지, 항상 그렇게 할 수 있는 것인지를 묻는 것인지를 구분하고 대답해야 합니다. 전자의 경우라면 긍정적으로 대답해야 하지만, 후자의 경우는 실제의 상황일 수 있으므로 신중히 대답해야 합니다.

7) 비굴해질 필요는 없지만, 취업을 향한 간절함을 적극 표현해야 합니다. 아니면 말고 식의 답변에는 실패가 돌아옵니다. 물론 겸손함을 잃어서는 안되겠죠.

8) 답변에 약간의 실수가 있더라도 당황할 필요는 없습니다. 아나운서를 뽑는 게 아니니까요. 면접관은 실수를 해결하는 방법이나 태도를 봅니다. 말을 더듬거나, 잠시 중단이 되었다면 바로 잡으면 됩니다.

9) 시간에 쫓기지 말고 자신에게 주어진 시간은 최대한 활용해야 합니다. 단문단답식은 자신에게 주어진 시간을 날려버리게 합니다. 답변을 너무 일찍 마치면 또 새로운 질문이 들어옵니다. 나를 알리기에 좋은 질문은 붙잡고 늘어져야 합니다.

10) 면접관은 모두 면접자보다 나이가 많습니다. 심지어 부모 뻘 되는 경우도 있지요. 그런데 의사결정은 그 분들이 합니다. 신세대다운 신선한 답변을 원하는 수도 있지만, 그들의 가치관에 크게 어긋나지 않게 답변을 할 필요도 있습니다.

11) 팀플 해봤느냐는 질문에는 혼자서 헌신적으로 다 했다고 하기보다는, 모두가 협력해서 잘했다는 점을 강조하는 게 좋습니다. 여성의 병역 의무 이행 같은 질문에는 창의적이고 합리적인 답변을 찾아야 합니다. 예를 들면 여성은 모병제로 하는 것 같은.

12) 면접자는 자신이 어떤 장점과 역량이 있고, 회사는 어떤 인재형을 필요로 하는지에 맞춰 면접에 응하면 좋습니다.

13) 면접은 말하기 테스트가 아닙니다. 응시자의 생각과 태도가 자기 회사에 적합한지 알아보는 과정입니다. 안 맞으면 헤어지는 것입니다. 합격, 불합격을 실력 차이로 받아들여서는 안됩니다.

14) 면접자는 평소에 어떤 질문에 나는 어떻게 답할 것인지 내 생각을 정리해놔야 합니다. 면접 때 떨리는 건 남의 생각을 외워서 답하려 하기 때문입니다. 또 평소 그 회사에 입사하기 위해 준비해놓은 무엇인가가 있어야 유리합니다.

※ 이 프로그램을 진행할 때 시간이 허락된다면 즉석에서 청중의 질문을 받아도 좋습니다. 학습자들 스스로 질문을 만들어보게 하는 것도 도움이 될 겁니다.

03 진행방법

1) 칠판에 원하는 수험번호(면접 순서)를 적으세요.

2) 평가용지와 피드백 용지를 받으세요. 평가는 발표 전체를 지켜 본 사람만 작성할 수 있습니다. 다른 사람의 발표를 듣고 평가를 하면서, 아울러 별도의 피드백 용지에 발표에 대한 구체적인 조언도 적습니다. 잘 된 점, 개선해야 할 점 등을 적은 후 촬영하여 카톡방에 게시하기 바랍니다. 작성자가 드러나지 않게 하위 위해 자신의 것에도 기록을 하는 방법이 있습니다. 작성한 피드백 용지를 조장이 모아 조장이 한꺼번에 카톡방에 올려도 좋습니다.

3) 피드백 용지는 촬영한 후 이름을 적어서 평가용지와 함께 제출합니다.

4) 스마트폰(카메라)를 동료에게 맡겨, 본인의 발표 장면을 촬영하세요.

5) 모의면접에서는 사전에 예상 문제를 제공합니다. 이 책에 나와 있는 모든 예상 문제에 대해 나름대로 답변을 생각해보라는 뜻입니다.

6) 다음 번호자가 면접관이 됩니다. 짝꿍(면접관)과 함께 입장합니다.

7) 답변자가 인사를 합니다. "수험번호 99번 ○○○입니다"

8) 면접관이 상자에서 질문카드 1장을 꺼내 실제처럼 질문을 합니다. (10초 정도)

9) 답변자가 답변을 합니다. (1분 정도)

10) 면접관이 상자에서 질문카드 1장을 꺼내 실제처럼 질문을 합니다. (10초 정도)

11) 답변자가 답변을 합니다. (1분 정도)

12) 답변자가 인사를 하고 퇴장합니다. "면접관님, 고맙습니다. "수험번호 99번 ○○○입니다" 퇴장하는 매너도 평가에 분명히 영향을 미칠 것입니다. 얼굴을 찡그리며 도망치듯 면접장을 떠나는 표정은 스스로 실패를 인정하는 표현이 될 수 있습니다.

모의면접 발표 평가기준

1. 신뢰할 만한 인품, 인성을 갖추고 있는가?
2. 우리 조직에 필요한 역량을 갖추고 있는가?
3. 우리 조직에서 다른 사람과 소통하고 협력하며 일할 수 있는가?
4. 면접에서 자기를 효과적으로 표현하는가?(어휘, 목소리, 시선과 몸짓, 도구, 태도 등)

04 다음주 자기주도 학습과제

발표 동영상과 동료들이 적어준 피드백을 토대로
자신감, 답변 내용, 답변 방식과 태도, 개선할 점, 사전 준비 등을 아래 표에 정리한다.
A4 용지 1매 이내.

(　　　　　　　　　)의 모의 면접 발표 분석	
1. 면접 순서는?	
2. 어떤 질문을 받았나?	
3. 답변을 잘 한 것은 어떤 것인가?	
4. 답변에 아쉬움이 있는 것은 어떤 질문인가?	
5. 다시 한다면 어떻게 답변하고 싶은가?	
6. 그밖에 개선해야 할 점은 무엇인가?	

모의 면접 발표 평가표 (제출용)

평가자: ____________________

Check Point

1. 당연하고 상투적인 의견은 아닌가?
2. 합리적인 근거나 사례를 제시하며 자기 의견을 주장하는가?
3. 주장을 듣고 난 후 "아하, 그렇구나!" 하는 납득이 가는가, 아니면 "말도 안 돼!" 하는 반론이 떠오르는가?
4. 자기를 자신있게, 효과적으로 표현하는가?(어휘, 목소리, 시선과 몸짓, 도구, 태도 등)

※ 발표 전체를 참관하는 경우에만 평가 결과가 유효함.
※ 발표자 중 우수자 절반만 골라 ○표를 할 것.(본인은 '나'라고 표시하고 평가하지 않음.)
※ 공정하게 평가할 것.

발표자 이름	가채점	합격 여부(○표)	발표자 이름	가채점	합격 여부(○표)
1			16		
2			17		
3			18		
4			19		
5			20		
6			21		
7			22		
8			23		
9			24		
10			25		
11			26		
12			27		
13			28		
14			29		
15			30		

자신있게
말하기

제가 하겠습니다
믿을 수 있게 친절하게 공감하게 떨림에서 설렘으로
명확하게 자신있게
경험이 보약이다
자신있게 말하기
Correct Easy Simple
합리적으로 생각하라
반갑습니다 미안합니다
고맙습니다 잘 했습니다
마음 먹기 나름이다

www.kocw.net

제9주차
말하기 연습
- 대본(1)·발표연습

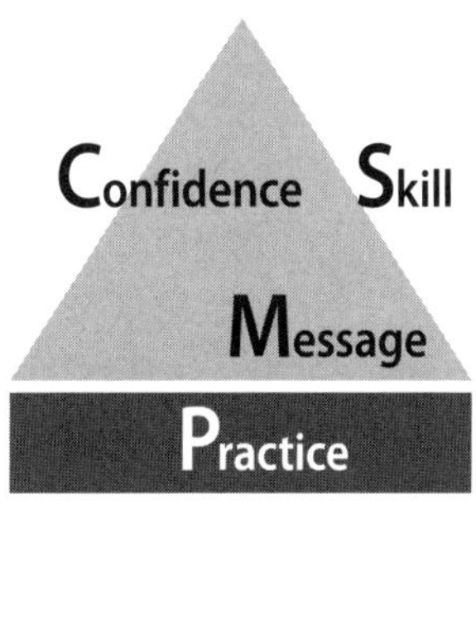

오늘의 수업

순서	주제	分	내용
1	오프닝	10	1) 큰 소리로 인사하며 만나기 2) 창조적인 출석 체크(재치있게 답하기[117]) 3) 수업 구호 외치기("믿자명친!")[118]
2	자기주도학습	20	1) 지난주 과제 내용 조원들과 나누기-학습 자료 참조 2) 다음주 과제 확인하기-학습 자료 참조
3	대본 만들기	20	1)설명 2)주장 ※학습 자료 참고
휴식			
4	발표하는 방법	45	※ 학습 자료 참고
5	클로징	5	1) 종이 이메일 쓰기 2) 수업 구호 외치기 "믿자명친!" 3) 큰 소리로 인사 나누며 헤어지기

117) 오늘 고마운 일(사람), 동료들에게 멋지게 인사 한 마디, 나의 자기 암시문, 말하기는 (　　)이다, 빨리 고치고 싶은 나의 말하기 버릇 하나, 무인도 갈 때 갖고 싶은 것 3가지, 지금 내 머리 속의 생각 하나는? 지금 나의 감정 상태를 한 단어로 말한다면?, 나는 (　　)를 만나 (　　)을 묻고 싶다, 붕어빵 어디부터 먹나?, 오늘 주장하고 싶은 것, 오늘 다른 사람들에게 설득하고 싶은 것, 차 한 잔 사주고 싶은 낯선 동료, 나의 말하기 연습 방법, 이번 학기 발표력이 가장 성장한 우리 조원

118) "믿자명친":"믿을 수 있게!", "자신있게!", "명확하게!", "친절하게!"

학습 자료

01 자기주도학습

1) 지난주 자기주도학습(과제) 내용 조원들과 나누기

02 대본 만들기

1) 물고기 뼈 모양으로 된 Fishbone 다이어그램은 어떤 문제의 원인과 결과의 개요를 한 눈에 들어오게 도와줍니다. 머리뼈에 문제를 적고, 그 원인들을 6가지 내외의 중간 뼈 끝부분에 적는 방식입니다. 중간 뼈는 다시 더 작은 가지 뼈로 세분할 수 있습니다.

이 다이어그램은 글쓰기에도 유용합니다. 핵심 주제를 머리뼈에 적고, 중간 주제를 중간 뼈에 적고, 더 구체적인 내용은 더 작은 가지 뼈에 키워드를 적으면 됩니다. 이렇게 정리된 구조를 글로 바꾸면(살을 붙이면) 한 편의 글(대본)이 됩니다.

발표를 위한 대본은 다음과 같은 순서로 만들면 효과적입니다.

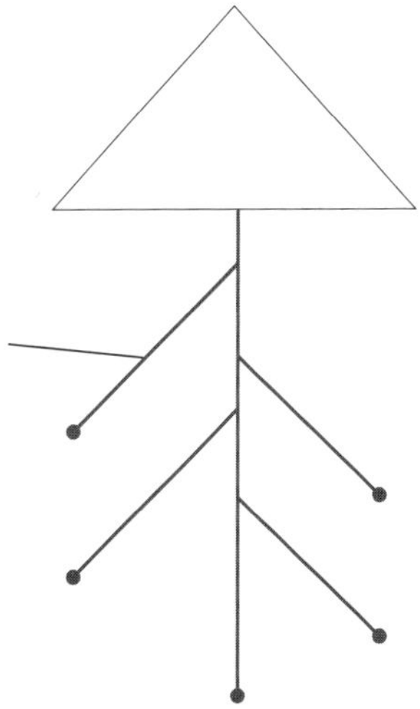

① 이야기 하려는 핵심 주제는 무엇인가요? 핵심이 되는 내용을 한 문장으로 요약하여 물고기 뼈 머리 부분에 적습니다. 핵심주제는 발표 시간에 적합해야 합니다. 주제가 클수록 그걸 풀어내는 데 많은 시간을 필요로 합니다.

② 핵심 주제를 설명하기 위한 이야기 거리(소재)는 어떤 것이 있나요? 브레인스토밍을 통해

이야기 거리들을 사각형 안에 적습니다.

③ 그 이야기 거리 중 주제에 맞는 것만 골라냅니다. 발표 시간에 소화할 수 있을 정도로 양에 맞춰야 합니다. 그런 후에 그걸 어떤 순서로 이야기하는 것이 좋을지 순서를 정합니다. 그걸 어떤 비중으로 말해야 할지 비중(시간)을 분배합니다.

④ 이제 이야기 거리들을 물고기 중간 뼈에 옮겨 적습니다. 더 구체적인 내용은 가지 뼈를 만들어 적으면 됩니다.

⑤ 완성된 그림이 바로 이야기 대본입니다. 발표할 때에는 글을 써서 문장을 외우면 발표역량이 발전하지 않습니다. 물고기 뼈 그림을 머리 속에 먼저 그려놓고(그것도 어렵다면 명함크기의 메모지에 물고기 뼈를 그려서 필요할 때만 보며) 그걸 생각하면서 상황에 맞게 청중에게 이야기를 풀어나가야 발표가 자연스러워집니다.

2) '구조'를 외워라.

발표할 때에는 '문장'이 아니라 '구조'를 외워야 합니다. 문장을 읽지 말고 구조를 외워야 합니다. 그래야 청중을 볼 여유가 생깁니다. 걷기와 말하기, 숨쉬기, 음식물 먹기는 우리가 평생 연습해온 것이라 따로 연습하지 않아도 잘 할 수 있습니다. 구조만 보면 누구나 상황에 맞춰 설명할 수 있습니다. 같은 구조의 대본이라 해도 실제 발표는 달라질 수밖에 없습니다. 문장은 내가 쓴 것이고, 그 문장의 원본은 바로 '나'입니다. 내가 원본입니다. 원본이 말하면 됩니다.

03 3가지 표현 방법

사람이 생각(의미)이나 감정을 표현하는 목적은 다양합니다. 그 중 일상생활에서 가장 많이 사용하는 것은 설명하기, 주장하기, 설득하기입니다. 따라서 이 세 가지를 제대로 표현하는 것이 말하기에 중요합니다.

신문의 지면을 살펴보면 이 세 가지가 골고루 들어 있습니다. 뉴스 기사가 대표적인 설명 형식입니다. 궁금함 없이 사실대로 정확하게 알려줍니다. 상품 사용 설명서, 일기, 약도도 설명 형식에 해당됩니다. 설명 형식은 우리가 평소 가장 많이 사용할 겁니다.

신문의 사설이나 논설은 주장에 해당됩니다. 어떤 의견을 다른 사람이 받아들이게 하려면 합리적인 근거나 사례가 필요합니다. 그것이 없으면 떼 쓰기가 됩니다. 정치인들이 주장을 많이 사용합니다. 다른 사람과 다툴 때의 대화가 바로 주장입니다. 논리적인 주장은 토론의 기본이 됩니다.

신문에는 광고가 있습니다. 광고는 독자들에게 어떤 상품을 사라고 설득합니다. 설득은 상대방이 내가 원하는 행동을 하도록 하는 게 목적입니다. 다양한 캠페인도 설득 형식에 포함됩니다.

담배가 어떤 것인지를 말하는 건 설명입니다. 흡연이 몸에 해롭다는 건 주장입니다. 담배를 피우지 말자는 것은 설득입니다. 설명보다 주장, 주장보다 설득이 어렵습니다.

04 설명하기

1) 설명은 어떤 사물이나 문제를 알기 쉽게 풀이하거나 해명하여 그것의 실체가 무엇인가를 알게 해주는 기술 양식입니다. 넓게 보면 주장도 일종의 설명입니다. 설명에는 비교와 대조, 예시, 분석과 분류, 특수화와 일반화, 질문과 답에 의한 전개 등 다양한 방법이 있습니다.

설명에 자주 사용되는 방법으로 서술과 묘사가 있습니다. 서술은 어떤 사실을 차례를 좇아 말하거나 쓰는 방식입니다. 어떤 행동이나 사건이 진행되어가는 움직임을 시간의 경과에 따라 표현하는 것이니 스토리텔링이 여기에 해당된다고 볼 수 있습니다. 묘사는 어떤 사물에 대해 그림 그리듯이 생생하게 표현하는 것입니다.즉 어떤 대상이나 사물, 현상을 언어로 서술하거나 그림을 그려서 표현하는 것입니다.

또 하나의 설명하는 데 자주 사용되는 표현 방법은 비유법입니다. 비유법은 표현하고자 하는 대상을 다른 대상으로 빗대어 설명하는 방법입니다. 원개념과 보조개념을 동일시하는 것이 은유법입니다. "사랑은 눈물의 씨앗", "인생은 나그네'는 보조개념인 '눈물', '나그네'를 통해 '사랑'과 '인생'이라는 어려운 개념을 쉽게 설명하고 있습니다.

직유법은 "~같이", "~처럼", "~듯이"처럼 원개념과 보조개념을 직접 연결하는 표현방법입니다.

"곰처럼 우직한", "나비같이 날아서", "바다같이 넓은"이 직유법입니다. 그밖에도 인간이 아닌 것을 인간에 빗대는 의인법, 무생물을 생물처럼 나타내는 활유 등이 있습니다.

설명의 목적은 상대방에게 무엇인가를 충분히 이해시키는 데 있습니다. 설명을 잘 하면 상대방은 "아하! 알겠어!"라는 반응을 보이게 됩니다. 그러나 설명이 상대방에게 궁금증이나 답답함을 느끼게 한다면 그 설명은 잘못 된 것입니다. 그래서 설명은 명확해야 하고, 단순해야 하고, 쉬워야 합니다. 그래야 설명하려는 것을 상대방이 잘 이해하고 오래 기억할 수 있습니다.

"당신에 대해 말해보시오" 우리는 이러한 질문에 대해 답을 해야 할 경우를 자주 접합니다. 세상에서 가장 잘 아는 사람은 자기 자신입니다. 그럼에도 우리는 나 자신에 대해 충분히 설명하지 못하는 수가 많습니다. 말하기는 자기를 소개(설명)하는 것부터 시작해야 합니다. 그래서 이 과정에서는 나를 설명하기를 다룹니다. 나를 설명하는 방법은 앞에서 설명한 대로 다양합니다. 여러분에게 두 가지를 권합니다. 첫째는 여러분 자신을 묘사하거나 서술해보세요. 내가 살아온 과정, 나에 대한 정보 나열 등이 여기에 속합니다. 둘째는 여러분 자신을 은유법을 이용해서 설명해보세요. "나는 네 잎 클로버입니다."처럼.

2) 이제 물고기 뼈를 만들어볼까요?

(1) 설명하려는 핵심 주제는 무엇인가요? 다음과 같은 내용으로 자신을 묘사하거나 서술해 볼 수 있습니다.

- 역사적인 나(나의 과거–현재–미래)
- 생물학적인 나(신체적인 특징)
- 사회적인 나(나와 가까운 사람들)
- 심리적인 나(가치관, 성격, 생각, 감정)
- 내 인생의 3대 사건(도전 역사)
- 나의 강점 3가지
- 내가 사랑하는 사람들
- 나의 꿈과 비전
- 내가 존경하는 사람들
- 다른 사람들이 말하는 나
- 나의 구사일생 순간들
- 나의 실패 역사

(2) 또는 은유법을 이용하여 나를 다른 사물에 비유하여 설명해볼 수 있습니다. 다시 말해 자신을 대신할 수 있는 개념이나 사물 등으로 나를 설명하는 것입니다.

- 세 잎 클로버
- 삼각형
- 삼원색
- 동물
- 3(숫자)
- 동물
- 의자

3) 핵심 주제를 설명하기 위한 이야기 거리(소재)는 어떤 것이 있나요?

4) 그 이야기 거리 중 어떤 내용을, 어떤 순서로, 어떤 비중으로 설명하는 것이 좋을까요?

5) 그 내용을 물고기 뼈에 그려 넣어보세요.

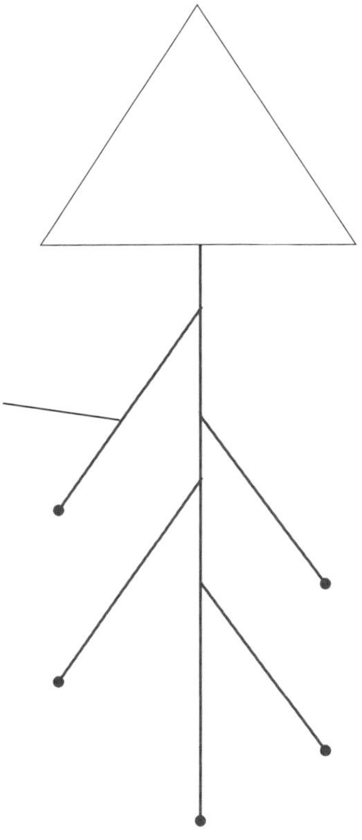

이야기 거리

05 주장하기

1) 주장은 "(   )은 (   )이 아니라 (   )이다. 왜냐 하면........"의 형식을 다룹니다. 부부싸움이나 교통사고 때 운전자들 간의 다툼, 법정에서 변호사와 검사 간의 토론이 바로 주장하기입니다.

주장을 잘 하면 상대방은 "아하! 듣고 보니 그렇군!"이라며 내 생각에 납득하고 동의나 동감을 표현하게 됩니다. 그러나 주장을 잘 못하면 상대방은 반론을 제기하며 그 의견을 받아들이려 하지 않습니다. 동의(공감)냐, 반론이냐가 문제입니다. 그래서 주장을 하려면 상대방이 반박하지 못하도록 확실한 근거를 제시해야 합니다. 모두가 보편적으로 그렇게 생각하는 명제에는 따로 주장이 필요 없겠지요. 모두가 그렇게 생각하지 않을 수도 있는 명제에는 명확한 근거와 사례가 필요합니다.

주장을 할 때에는 먼저 상대방이 내놓을 반론을 스스로 만들어보고, 그것을 반박할 논리를 만들어봐야 합니다. 확실한 근거나 사례를 제시하지 못하면서 목소리만 높이거나 화를 내는 건 '떼쓰기'에 불과합니다. 떼쓰기는 어린아이처럼 미성숙한 사람, 인식의 오류가 심한 비합리적인 사람들에게서 주로 많이 나타납니다.

한국보건사회연구원이 2017년 초, 우리나라 국민 10명 중 9명은 근거 없이 멋대로 생각하는 '인지적 오류'에 해당하는 습관이 있다는 조사 결과를 발표한 적이 있습니다. 그러니 가짜 뉴스가 판을 치고, 그걸 믿고 SNS로 퍼나르는 것입니다.

2) PREP형식

주장할 때 자주 사용하는 형식 중 하나가 PREP(Point-Reason-Example-Point)' 형식입니다. 먼저 결론(P)을 명확히 하고, 그걸 뒷받침할 근거(R)와 사례(E)를 제시한 다음, 다시 한 번 결론(P)을 제시하는 방식입니다. 말하자면 양괄식이죠. 물론 PERP나 PEP, PRP도 좋습니다. 다음 예문을 참고하기 바랍니다.

Point	과제는 미루지 말고 그때그때 하는 것이 효과적입니다.
Reason	에빙 하우스의 망각 곡선 이론을 보면 한번 외운 단어는 10분 후 42%, 한 시간 후 50%, 1일 후 67%, 한 달 후 80%를 까먹는다고 합니다. 기억은 시간에 반비례한다는 것이죠.
Example	제 경우도 그날 과제를 그날 하면 30분이면 할 수 있는데, 계속 미루다가 6일 후 수업 전날 밤에 하려고 하면 과제를 내 줄 당시의 상황이 생각나지 않습니다. 그래서 시간도 몇 배나 많이 걸리고, 과제 내용도 교수님이 원하시는 내용과 거리가 먼 경우가 많습니다.
Point	그러니 과제는 미루지 말고 그때그때 하는 것이 효과적입니다.

위의 예문을 참고하여 연습을 해볼까요?

Point	
Reason	
Example	
Point	

다음과 같은 논리적 분석도 좋은 근거가 될 수 있습니다. 흡연을 논리적으로 분석해봅시다.

구분	Do	Do not
얻는 것		
잃는 것		

분석 결과 흡연을 함으로써 잃게 되는 것이 많다면 흡연은 해로운 것이라고 주장할 수 있습니다. 주장을 제대로 하지 못하면 일상생활에서 자기 권리를 제대로 지키지 못하거나, 상대방을 제대로 설득할 수가 없습니다. 그러므로 자기 생각을 상대방에게 효과적으로 주장하고 상대방의 비합리적인 주장에 대해 반박하는 방법을 잘 익혀 두어야 합니다.

3) 주장하려는 핵심 주제는 무엇인가요? "( )은 ( )이 아니라 ( )이다" 형식에 맞는 주장 거리를 찾아봅시다. 누구나 당연히 여기는 주장은 공감을 얻기가 어렵습니다. 당연한 것을 주장하기 위해서는 새로운 접근방식이 필요합니다. 발표 전에 주위 사람들에게 주제를 설명하고, 반론을 들어본 후 대본을 작성하면 효과적일 것입니다. 다음의 사례를 참고하세요.

- 인생은 속력이 아니라 방향이다.
- 예체능 교육은 선택이 아니라 필수다.
- 인공지능의 발전은 축복이 아니라 재앙이다.
- 패션의 완성은 얼굴이나 몸매가 아니라 자신감이다.
- 18세 청소년에게도 참정권을 줘야 한다.
- 최저임금을 인상해서는 안 된다.
- 수업 중 질문하지 않는 것이 비정상이고, 질문하는 것이 정상이다.

- 무대 공포증은 극복하는 게 아니라 즐기는 것이다.
- 청소년의 화장은 비행이 아니라 당연한 권리다.
- 인구 감소는 재앙이 아니라 기회다.
- 공부는 혼자 하는 것이 아니라 여럿이 하는 것이다.
- 젊음의 기준은 나이가 아니라 열정이다.
- 화장은 소비가 아니라 투자다.
- 안락사는 구원이 아니라 사형이다.
- 공부는 내가 해서 갖는 것이 아니라 남을 주는 것이다.
- 사람은 겉모습이 아니라 속모습이다.
- 직업의 선택은 좋아하는 게 아니라 잘 하는 것이다.
- 중요한 것은 보이는 게 아니라 보이지 않는 것이다.
- 꿈은 직업이 아니라 미래다.
- 피임은 선택이 아닌 필수다.
- 탕수육은 찍먹이 아니라 부먹이다
- 느림은 퇴보가 아니라 전진이다.
- 행복은 운명이 아니라 선택이다.

4) 핵심 주제를 뒷받침할 이야기 거리(소재)는 어떤 것이 있나요?

5) 그 이야기 거리 중 어떤 내용을, 어떤 순서로, 어떤 비중으로 설명하는 것이 좋을까요?

6) 그 내용을 P-R-E-P 형식으로 정리하여 물고기 뼈에 그려 넣어보세요.

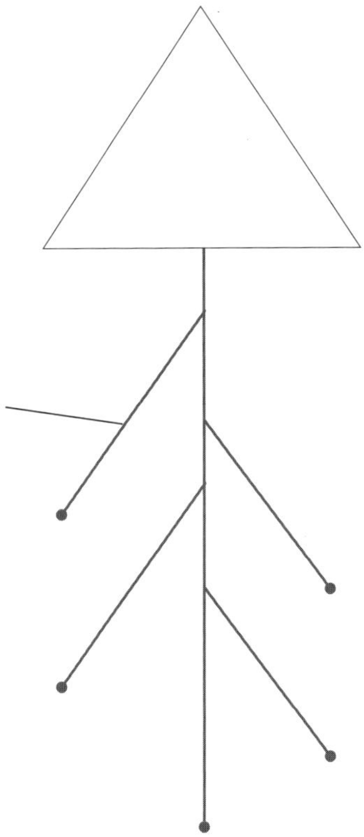

이야기 거리

06 발표 잘 하는 방법

1) 자신있게 발표하기 23계명

1. 주제에 충실하라!
2. 뻔한 이야기는 피하고, 청중이 공감할 수 있는 펀한(fun) 이야기를 하라!
3. 낯설면 떨린다. 같은 장소(장비), 같은 분위기에서 실전처럼 리허설을 하라!
4. 청중을 믿어라. 청중은 수영 선수를 뜨게 해주는 물 같은 존재다. 청중을 믿어야 내가 뜬다.
5. 최적의 발표 환경을 조성하라! 음향, 영상, 조명 등 장비를 미리 점검하라!
6. 할까 말까 할 때에는 하라. 발표는 마음먹기다. 이왕 할 거면 앞 순서에 적극 나서라!
7. 자기 암시문으로 나를 격려하고 나를 믿어라. 실수를 예상하지 말고 성공을 상상하라!
8. 시작하기 전에 심호흡을 하라! 불안감은 내쉬고 자신감은 들이마셔라!
9. 말로 하는 인사와 몸으로 하는 인사를 구분하라. 밝은 표정으로 인사하라!
10. 처음 3분을 잘 버텨라. 잘 아는 동료를 바라보며 시작하라!
11. 내가 원본이다! 대본을 찢어버려라. 청중과 나 사이에 아무 것도 끼어들지 못하게 하라!
12. 남과 비교하지 마라. 마음을 비우고 편하게 표현하라!
13. 청중과 상호작용하라. 청중이 반응하게 하고, 그 반응을 살펴라!
14. PPT에 의존하지 마라. 스크린은 뒤로 하고 청중을 바라보라!
15. 잘 들리게 또박또박 말하라. 무엇을 말하느냐보다 얼마나 잘 전달하느냐가 중요하다!
16. 표현의 시차를 극복하라! 말하는 속도, 읽는 속도, 보는 속도는 다르다. 청중이 해석하고 이해할 수 있는 빠르기로 말하라!
17. '미, 솔, 도'로 말하라! 목소리의 높낮이를 효과적으로 구사하라!
18. 몸짓도 언어다! 표정, 손짓, 도구, 등을 적절히 활용하라!
19. 발표 후에는 반드시 복기를 하라! 녹음, 녹화를 해서 보고 들어야 더 잘 할 수 있다.
20. 경험이 보약이다. 안 해 봐서 못할 뿐이다. 자꾸 해봐라!
21. 제 시각에 시작해서 제 시각에 마쳐라! 그래야 박수 받는다!
22. 모르는 사람에게도 인사하라. 인사는 말하기의 문(門)이다!
23. 질문도 발표다. 모르면 당돌하게 물어라!

콘서트
본부관 학술회의장
국민대학교

PPL 과연 "어디까지?
1 직접적!
2 소비자!

7750-7468
= 82

법조인
학점
조기 졸업
경험
운동
저는
'열정부자'
입니다

GREAT WHITE

매번 발표 잘하셨는데 이번에 많이 긴장하신 거 같아요 ㅠ
저두 앞에 나가면 진짜 떨리고 손도 떨려서 준비했던 거
다 까먹고 그래서.. 보고 너무 마음 아팠어요 ㅠㅠ.
매 발표 때 너무 잘하셨으니까 오늘 너무 위축되지
마세요 ♡ 충분히 잘하시는거 아니까 오늘 일로
너무 자신감 떨어지지 않았으면 좋겠습니다!
(제가 할 소리는 아니지만..)
수고하셨습니다.

많은 이들이 공감할 수
있는 내용이 있습니다.
발표 준비도 잘하셨고
발표도 잘하셨습니다.
대본을 너무 본것은
아쉽습니다.

발음은 또렷하고 자신의 상황을
쉽게 설명하는 부분이 좋았습니다.
예시는 좋았으나 주장에 대한
근거가 부족한것 같습니다.
마무리는 좋았습니다. (명언)
하지만 갑작스러운 끝맺음이 조금
아쉽네요.

지난주에도 느꼈지만 목소리가
좋으세요 ^^~!!

본인의 경험을 잘 녹여낸
주장인 것 같아 인상깊었습니다..

P.S 완치하신 것 같아 정말
다행입니다. 감사해요 ✿ ^^ ✿

웅얼거리는것 같아요.
또박또박... 좀 더 명확하게
전달하면 좋을거같아요.

목소리가 작아요.
더 크게 해도 좋을거같아요!
Yah!

발표 내용 정말 좋았습니다!!
그런데 설득의 열쇠와 연관성을
잘 이해하지 못했습니다 ㅠ.

발표하고자하는 내용과 계속
청중의 반응을 살피는 것도 좋았는데
준비하신거 다 발표 못 하신거 같아서
아쉽습니다.

준비를 많이 했다고 생각이 든다.
자신이 잘 하는 분야를 적절히 잘
설명.
어느회사 어느부서에 들어가고 싶은지
더 구체적이었으면.

많이 발전됨.
스킬도 좋아지고
안 좋은 습관도 사라지고
내용의 다양성을
좀 더 높이면 좋을 듯.

2) 다음은 발표를 한 후 교수와 동료들의 피드백에 자주 등장하는 조언들입니다. 미리 살펴봐두면 유익할 것입니다.

- 시작할 때 인사부터 바르게 하라. 미소 띤 얼굴로 청중을 바라본 후 고개를 숙이고 나서 "안녕하세요?"라고 말하는 게 좋다. 끝난 후도 마찬가지다. 70도 인사는 부자연스럽다. 30도 인사가 적당하다. 10도는 불쾌감을 준다.
- "나는 000입니다."가 좋다. "저는 000라고 합니다."는 자연스럽지 않다.
- 인사 후 청중이 박수 쳐줄 기회를 줘라. 시작부터 이런 게 엉키면 발표가 불안해진다. 그러나 청중이 박수할 때 자기도 박수치는 건 자연스럽지 못하다. 연예 프로그램도 아니고.
- 첫 마디가 중요하다. "여러분!"처럼 호칭으로 시작하면 주의 집중에 효과적일 것 같다.
- 발표의 목적은 웃기는 것이 아니다. 청중이 웃지 않으면 실패한 것이라고 생각하지 말자. 발표는 원맨쇼가 아니다. 너무 튀려고 하지 말고 차분하게 청중과 소통하면 좋겠다.
- 책을 읽는 것 같은 느낌이다. 앞 사람에게 이야기하듯 말하라. 대본이 문어체여서 더 그런 것 같다.

- 청중도 바라보지 않고 머릿속의 대본을 생각하거나, 손에 든 대본에서 눈을 떼지 안않으면 청중은 정말 심심하다. 읽으러 나왔나 말하러 나왔나? 대본의 문장에 의지하지 말고 단어(키워드)에 의지하라.
- 전자 제품은 전선으로 연결되지만 사람은 시선으로 연결된다. 청중을 바라보고 말해야 소통이 된다. 그래야 청중의 표정도 볼 수 있다. 표정을 살펴야 발표 내용, 속도 등을 조절할 수 있다. 천정을 바라본다든지, 바닥을 바라본다면 청중도 발표자를 바라볼 필요가 없어진다.
- 어차피 안볼 대본 왜들고 나오나? 대본이 필요하다면 꼭 필요할 때 살짝 보고 시선을 청중에게 향해야 청중과 호흡할 수 있다. 스마트폰으로 대본을 보는 건 아직 자연스럽지 않은 느낌이다.
- 지나치게 "다'나 '까'체를 고집하기보다는 상대에 따라 '해요'체를 쓰는 것이 자연스러울 것 같다. 교사가 학생들에게 가르치는 것 같은 말투는 청중에게 불쾌감을 준다.
- "인 것 같습니다", "~이 아닌가 싶습니다"는 표현은 자신감이 부족한 것 같은 느낌을 준다. 명확하게 말하면 좋겠다.

- 말이 빨라지는 건 대본을 읽기 때문이다. 청중을 바라보면 말의 속도가 청중의 이해 속도를 맞춰갈 수 있다.
- 청중에게 뭔가 질문을 했으면 답을 할 시간을 줘야 한다. 대본에 의존해서 생기는 문제다.
- 짝다리 짚기, 뒷짐 지기, 양손으로 탁자 짚고 기대기, 좌우로 왔다 갔다 하기, 손으로 머리 자주 넘기기 같은 습관은 피하는 것이 좋겠다.
- 시간을 못 채우거나 시간이 남는 건 리허설을 안 해서다. 정해진 시간의 10% 내외 선을 맞춰야 한다.
- 준비한 걸 100% 다 읽어야 한다? 준비한 것의 70%만 표현하면 성공이다. 30%는 당시 상황에 맞게 즉흥적으로 운영하는 것이 좋다.
- 위기 순간 어떻게 극복하느냐도 중요하다. 막혔을 때에는 잊었다고 솔직히 말하고 대본을 참고하면 된다. 발표는 암기 대회가 아니다.
- 앞 사람 발표에 대해 언급할 필요가 없다. 감기가 걸렸다든지, 일이 있어서 준비를 제대로 못했다든지, 떨린다든지 이런 얘기는 할 필요가 없다. 최선을 다해 준비했다는 신뢰감을 줘야 한다.

- 발표 중에 뜻하지 않은 상황이 생길 수 있다. 이럴 때 어떻게 극복하느냐가 진짜 실력이다.
- 말을 잘 이어나가야 한다는 강박관념을 버려라.
- 내 이야기, 내가 경험한 이야기가 아닐 때 떨린다.
- 한 가지를 이야기하라, 그래야 청중이 기억할 수 있다.
- 재미와 의미를 갖춘 주제를 선택해야 청중이 집중하고 공감한다.
- “이 이야기를 내가 왜 들어야 하지?” 청중에게 의미있는 이야기를 하라.
- 어휘력은 사고의 깊이, 넓이를 보여준다. 정확한 어휘를 사용하라. 내가 표현하려는 뜻과 상대방이 이해한 뜻이 다르면 실패한 것이다.
- 외국어, 특히 일본어 사용은 가급적 피하는 것이 좋다.
- 복잡한 내용일수록 단순화해야 청중이 이해할 수 있다.
- 청중이 이해할 수 있는 쉬운 말을 사용해야 한다.
- 존댓말 사용에 주의해야 한다.

- 소재를 나열하지 말고 어떤 기준에 따라 한 줄로 세워서 배열하라. 한 줄이 아니라 두 줄일 때 주제에서 벗어나기 쉽다.
- 발표 문안을 그대로 말하려 하지 말고, 큰 핵심과 맥락을 기억하고 거기에 충실히 하라. Fishbone 그림을 숙지하라.
- 발표를 하면서 자주 숨을 바꾸지 말고 한번 들이마신 숨으로 이야기하는 것이 좋다.
- 목소리는 감정을 반영한다. 목소리를 바꾸려 애쓰기보다는 감정을 바꾸려 노력하라.
- 말이 빨라지면 청중이 알아듣지 못한다. 말은 뱉어내는 게 아니라 상대방에게 내 생각과 감정을 이해시키기 위해 내는 소리다. 천천히 또박 또박 말해야 한다. 특히 중요한 단어는.
- 생각이 과속을 하면 말이 빨라진다. 생각의 속도를 청중의 이해 속도에 맞춰라.
- '미'로 시작해 '미'로 끝내지 말고 '미', '솔', '도'로 높이를 다양하게 말하는 것이 좋다. 아스팔트 도로가 아닌 비포장 도로를 달리듯 변화있게 말하라.
- 배에 힘을 주고 말하면 소리가 달라진다. 소리가 달라지면 느낌이 달라진다.
- 끝말을 흘리지 말고 끝까지 명확하게 말하라.
- 사투리 사용을 두려워 하지 마라. 소통이 중요하다.

- 이야기를 단어로만 표현하려고 하지 말고 몸짓이나 시각물을 보여주면 효과적이다. "첫째, …"라고 할 때에는 손가락도 함께 들어 보이는 게 효과적이다. 복권 이야기를 한다면 복권을 하나 준비해서 실제로 긁어보면 어떨까? 물을 마시자고 말하려면 물을 들고 나와서 마셔보게 하는 게 생생한 느낌을 준다.
- 소품을 이용하는 것도 좋다. 다만 전하려는 의미에 맞춰야 한다. 예를 들어 버스에서 백팩을 앞에 안자고 하면서 백팩을 뒤에 멘다면 역효과가 난다.
- 패널을 들고 설명을 할 때에는 내용이 청중에게 잘 볼일 수 있게 배려해야 한다. 그리고 하드보드에 붙여 들고 나와야 준비가 됐다는 느낌을 줄 수 있다. 구겨진 A4용지를 들고 나와 보여준다면 준비가 안됐다는 느낌을 줄 수 있다.
- 시각물이 발표 시간에 비해 너무 많으면 효과가 없다.
- 리허설을 하면서 동영상을 촬영해보면 훨씬 더 잘 할 수 있다.
- 발표 순서를 선택할 때 이미 자신감이 드러난다. 발표 때마다 순서를 조금씩 앞으로 조정해 나가는 노력이 필요하다.
- 실전보다 더 좋은 연습은 없다. 다른 수업에서 적극 발표에 나서라.
- 말하기는 운동이다. 할수록 근육이 강해진다.

설명하기 발표 평가기준

1. 어렵고 복잡한 문제를 청중이 알게 쉽게 설명하는가?
2. 설명한 내용이 충분히 이해되며 기억에 남는가?
3. 청중의 이해를 돕기 위해 비유법이나 도구 등을 적절히 사용하는가?
4. 자기 생각을 자신있게, 효과적으로 표현하는가?(어휘, 목소리, 시선과 몸짓, 도구, 태도 등)

주장하기 발표 평가기준

1. 당연하고 상투적인 의견은 아닌가?
2. 합리적인 근거나 사례를 제시하며 자기 의견을 주장하는가?
3. 주장을 듣고 난 후 "아하, 그렇구나!" 하는 납득이 가는가, 아니면 "말도 안 돼!" 하는 반론이 떠오르는가?
4. 자기 생각을 자신있게, 효과적으로 표현하는가?(어휘, 목소리, 시선과 몸짓, 도구, 태도 등)

자신있게 말하기
Correct Easy Simple
합리적으로 생각하라
반갑습니다 미안합니다
고맙습니다 잘 했습니다
경험이 보약이다

www.kocw.net

제10주차
발표
- 설명하기

오늘의 수업

<table>
<tr><th>순서</th><th>주제</th><th>分</th><th>내용</th></tr>
<tr><td>1</td><td>오프닝</td><td>10</td><td>1) 큰 소리로 인사하며 만나기
2) 창조적인 출석 체크(재치있게 답하기[119])
3) 수업 구호 외치기("믿자명친!")[120]</td></tr>
<tr><td>2</td><td>발표 준비</td><td>5</td><td>1) 발표 순서 신청
2) 평가지, 피드백 용지 준비
3) 녹화 준비(동료에게 동영상 촬영 부탁)</td></tr>
<tr><td>3</td><td>발표(설득하기)</td><td rowspan="2">80</td><td>1) 2분30초
2) 면접관의 질문에 답하기
3) 피드백: 잘 한 점, 개선할 점을 피드백 용지에 기록</td></tr>
<tr><td>4</td><td>평가와 피드백</td><td>1) 정해진 인원 수 만큼 우수자 평가
2) 피드백 용지 발표 순서대로 모아서 전달.</td></tr>
<tr><td>5</td><td>클로징</td><td>5</td><td>1) 종이 이메일 쓰기
2) 수업 구호 외치기 "믿자명친!"
3) 큰 소리로 인사 나누며 헤어지기</td></tr>
</table>

119) 오늘 고마운 일(사람), 동료들에게 멋지게 인사 한 마디, 나의 자기 암시문, 말하기는 (　　　)이다, 빨리 고치고 싶은 나의 말하기 버릇 하나, 무인도 갈 때 갖고 싶은 것 3가지, 지금 내 머리 속의 생각 하나는? 지금 나의 감정 상태를 한 단어로 말한다면?, 나는 (　　)를 만나 (　　　)을 묻고 싶다, 붕어빵 어디부터 먹나?, 오늘 주장하고 싶은 것, 오늘 다른 사람들에게 설득하고 싶은 것, 차 한 잔 사주고 싶은 낯선 동료, 나의 말하기 연습 방법, 이번 학기 발표력이 가장 성장한 우리 조원

120) "믿자명친":"믿을 수 있게!", "자신있게!", "명확하게!", "친절하게!"

학습 자료

01 진행 방법

1) 칠판에 적힌 번호를 보고 자신이 발표를 원하는 순서에 이름을 적습니다. 자신있게 말하기를 원한다면 순서를 앞쪽으로 정하는 것이 좋습니다. 먼저 발표할수록 아무도 시도하지 않은 내용을 발표할 수 있어 청중에게 신선한 느낌을 줄 수 있습니다. 반면에 뒤에 할수록 이미 발표한 사람과 내용이 중복될 수 있고, 동료의 발표를 듣고 평가를 하면서 기다리는 동안 지칠 수 있습니다. 그러다가 자신의 발표 내용과 다른 사람의 발표 내용이 헷갈릴 수도 있습니다.

2) 평가용지와 피드백 용지를 받으세요. 평가는 발표 전체를 지켜 본 사람만 작성할 수 있습니다. 다른 사람의 발표를 듣고 평가를 하면서, 아울러 별도의 피드백 용지에 발표에 대한 구체적인 조언도 적습니다. 잘 된 점, 개선해야 할 점 등을 적은 후 촬영하여 카톡방에 게시하기 바랍니다. 주장한 내용에 대해 반박하는 내용을 적어주면 도움이 될 겁니다. 작성자가 드러나지 않게 하기 위해 자신의 것에도 기록을 하는 방법이 있습니다. 작성한 피드백 용지를 조장이 모아 조장이 한꺼번에 카톡방에 올려도 좋습니다.

3) 피드백 용지는 촬영한 후 이름을 적어서 평가용지와 함께 제출합니다.

4) 스마트폰(카메라)를 동료에게 맡겨, 본인의 발표 장면을 촬영하세요.

5) 당당히 입장해서 인사를 합니다. 소속과 이름, 발표할 주제도 밝힙니다. 말로 하는 인사와 고개를 숙이는 인사를 동시에 하지 말고 나누어서 하세요.

6) 드디어 발표를 시작합니다. 청중을 바라보면서 쉽고 차분하게 표현하세요. "미~솔~도"로 목소리 높이와 강약에 변화를 줄 필요가 있습니다.

7) 참고해야 할 메모가 있다면 손바닥 안에 들어갈 정도로 작게 만들어 필요할 때만 보세요. 읽는 것과 말하는 것은 다릅니다. 대본을 읽는 느낌이 들지 않도록 주의해야 합니다. 가장 좋은 방법은 대본을 찢어버리고 단상에 오르는 것입니다. "내가 원본이다!"

8) 자신도 모르게 반복적으로 의미 없이 손을 움직이거나 머리를 만지거나 다리를 움직이지 않

도록 주의해야 합니다. 특히 "어~", "음~"를 반복하거나, 탁자에 손을 얹고 기대지 않도록 주의하세요.

9) 말로만 설명하기에는 부족한 부분이 많습니다. 시각물이나 도구, 복장을 활용하면 설명에 도움이 됩니다.

10) 마지막 부분에서 핵심 주제를 강하게 상기시키고, 인사 후 당당히 퇴장하세요.

11) 이 단원은 직접 발표하기보다는, 동영상으로 촬영하여 영상을 감상하면서 평가할 수도 있습니다. 단 영상은 편집하면 안 됩니다.

04 다음주 자기주도 학습과제

발표 동영상과 동료들이 적어준 피드백을 토대로
자신감, 답변 내용, 답변 방식과 태도, 개선할 점, 사전 준비 등을 아래 표에 정리한다.
A4 용지 1매 이내.

( )의 발표 분석	
1. 발표 순서, 주제는?	
2. 이번에 특별히 무엇을 잘 해보려고 했나?	
3. 잘 한 것은 무엇인가?(의미, 재미 등)	
4. 왜 그렇게 생각하나?	
5. 다시 한다면 무엇을 어떻게 하고 싶은가?	

설명하기 발표 평가표 (제출용)

평가자: ____________________

Check Point

1. 어렵고 복잡한 문제를 청중이 알게 쉽게 설명하는가?
2. 설명한 내용이 충분히 이해되며 기억에 남는가?
3. 청중의 이해를 돕기 위해 비유법이나 도구 등을 적절히 사용하는가?
4. 자기를 자신있게, 효과적으로 표현하는가?(어휘, 목소리, 시선과 몸짓, 도구, 태도 등)

※ 발표 전체를 참관하는 경우에만 평가 결과가 유효함.
※ 발표자 중 우수자 절반만 골라 ○표를 할 것.(본인은 '나'라고 표시하고 평가하지 않음.)
※ 공정하게 평가할 것.

발표자 이름	가채점	평가 결과	발표자 이름	가채점	평가 결과
1			16		
2			17		
3			18		
4			19		
5			20		
6			21		
7			22		
8			23		
9			24		
10			25		
11			26		
12			27		
13			28		
14			29		
15			30		

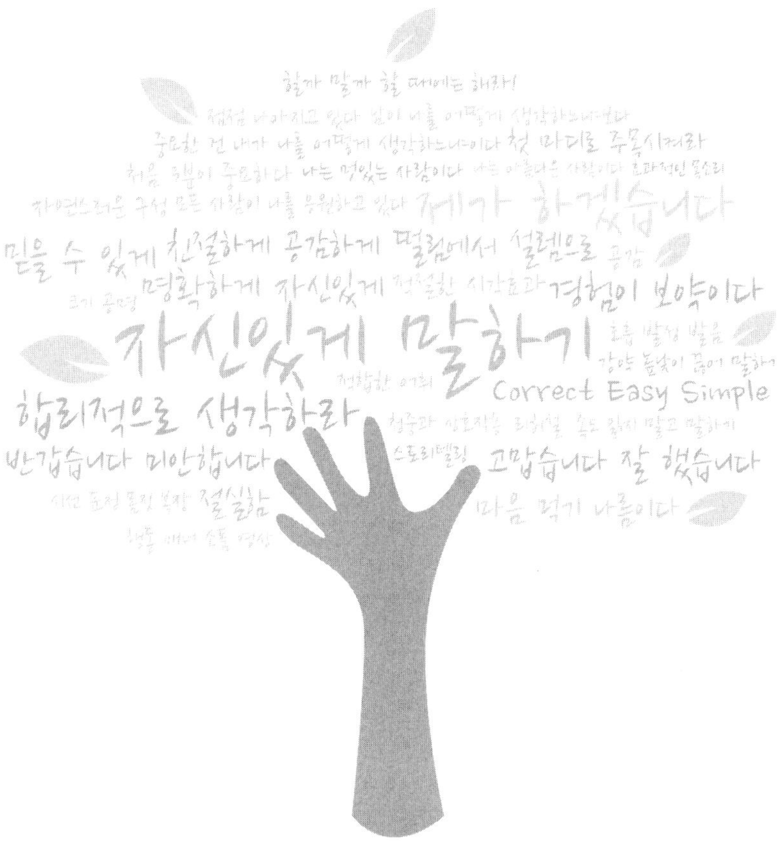
자신있게 말하기
Correct Easy Simple
합리적으로 생각하라
반갑습니다 미안합니다
고맙습니다 잘 했습니다
제가 하겠습니다
경험이 보약이다

www.kocw.net

제11주차
발표
- 주장하기

오늘의 수업

순서	주제	分	내용
1	오프닝	10	1) 큰 소리로 인사하며 만나기 2) 창조적인 출석 체크(재치있게 답하기[121]) 3) 수업 구호 외치기("믿자명친!")[122]
2	발표 준비	5	1) 발표 순서 신청 2) 평가지, 피드백 용지 준비 3) 녹화 준비(동료에게 동영상 촬영 부탁)
3	발표(주장하기)	80	1) 2분30초 2) 면접관의 질문에 답하기 3) 피드백: 잘 한 점, 개선할 점을 피드백 용지에 기록
4	평가와 피드백		1) 정해진 인원 수 만큼 우수자 평가 2) 피드백 용지 발표 순서대로 모아서 전달.
5	클로징	5	1) 종이 이메일 쓰기 2) 수업 구호 외치기 "믿자명친!" 3) 큰 소리로 인사 나누며 헤어지기

121) 오늘 고마운 일(사람), 동료들에게 멋지게 인사 한 마디, 나의 자기 암시문, 말하기는 (　　)이다, 빨리 고치고 싶은 나의 말하기 버릇 하나, 무인도 갈 때 갖고 싶은 것 3가지, 지금 내 머리 속의 생각 하나는? 지금 나의 감정 상태를 한 단어로 말한다면?, 나는 (　　)를 만나 (　　)을 묻고 싶다, 붕어빵 어디부터 먹나?, 오늘 주장하고 싶은 것, 오늘 다른 사람들에게 설득하고 싶은 것, 차 한 잔 사주고 싶은 낯선 동료, 나의 말하기 연습 방법, 이번 학기 발표력이 가장 성장한 우리 조원

122) "믿자명친":"믿을 수 있게!", "자신있게!", "명확하게!", "친절하게!"

학습 자료

01 진행 방법

1) 칠판에 적힌 번호를 보고 자신이 발표를 원하는 순서에 이름을 적습니다. 자신있게 말하기를 원한다면 순서를 앞쪽으로 정하는 것이 좋습니다. 먼저 발표할수록 아무도 시도하지 않은 내용을 발표할 수 있어 청중에게 신선한 느낌을 줄 수 있습니다. 반면에 뒤에 할수록 이미 발표한 사람과 내용이 중복될 수 있고, 동료의 발표를 듣고 평가를 하면서 기다리는 동안 지칠 수 있습니다. 그러다가 자신의 발표 내용과 다른 사람의 발표 내용이 헷갈릴 수도 있습니다.

2) 평가용지와 피드백 용지를 받으세요. 평가는 발표 전체를 지켜 본 사람만 작성할 수 있습니다. 다른 사람의 발표를 듣고 평가를 하면서, 아울러 별도의 피드백 용지에 발표에 대한 구체적인 조언도 적습니다. 잘 된 점, 개선해야 할 점 등을 적은 후 촬영하여 카톡방에 게시하기 바랍니다. 주장한 내용에 대해 반박하는 내용을 적어주면 도움이 될 겁니다. 작성자가 드러나지 않게 하기 위해 자신의 것에도 기록을 하는 방법이 있습니다. 작성한 피드백 용지를 조장이 모아 조장이 한꺼번에 카톡방에 올려도 좋습니다.

3) 피드백 용지는 촬영한 후 이름을 적어서 평가용지와 함께 제출합니다.

4) 스마트폰(카메라)를 동료에게 맡겨, 본인의 발표 장면을 촬영하세요.

5) 당당히 입장해서 인사를 합니다. 소속과 이름, 발표할 주제도 밝힙니다. 말로 하는 인사와 고개를 숙이는 인사를 동시에 하지 말고 나누어서 하세요.

6) 드디어 발표를 시작합니다. 청중을 바라보면서 쉽고 차분하게 표현하세요. "미~솔~도"로 목소리 높이와 강약에 변화를 줄 필요가 있습니다.

7) 참고해야 할 메모가 있다면 손바닥 안에 들어갈 정도로 작게 만들어 필요할 때만 보세요. 읽는 것과 말하는 것은 다릅니다. 대본을 읽는 느낌이 들지 않도록 주의해야 합니다. 가장 좋은 방법은 대본을 찢어버리고 단상에 오르는 것입니다. "내가 원본이다!"

8) 자신도 모르게 반복적으로 의미 없이 손을 움직이거나 머리를 만지거나 다리를 움직이지 않

도록 주의해야 합니다. 특히 "어~", "음~"를 반복하거나, 탁자에 손을 얹고 기대지 않도록 주의하세요.

9) 말로만 설명하기에는 부족한 부분이 많습니다. 시각물이나 도구, 복장을 활용하면 설명에 도움이 됩니다.

10) 마지막 부분에서 주장하는 요점(Point)을 한 번 더 상기시키고, 인사 후 당당히 퇴장하세요.

11) 주장 발표에 대해 청중이 반론을 제기하는 경우 가산점을 줄 수 있습니다.

02 다음주 자기주도 학습과제

발표 동영상과 동료들이 적어준 피드백을 토대로
자신감, 답변 내용, 답변 방식과 태도, 개선할 점, 사전 준비 등을 아래 표에 정리한다.
A4 용지 1매 이내.

(	)의 발표 분석
1. 발표 순서, 주제는?	
2. 이번에 특별히 무엇을 잘 해보려고 했나?	
3. 잘 한 것은 무엇인가?(의미, 재미 등)	
4. 왜 그렇게 생각하나?	
5. 다시 한다면 무엇을 어떻게 하고 싶은가?	

주장하기 발표 평가표 (제출용)

평가자: ____________________

Check Point

1. 당연하고 상투적인 의견은 아닌가?
2. 합리적인 근거나 사례를 제시하며 자기 의견을 주장하는가?
3. 주장을 듣고 난 후 "아하, 그렇구나!" 하는 납득이 가는가, 아니면 "말도 안 돼!" 하는 반론이 떠오르는가?
4. 자기를 자신있게, 효과적으로 표현하는가?(어휘, 목소리, 시선과 몸짓, 도구, 태도 등)

※ 발표 전체를 참관하는 경우에만 평가 결과가 유효함.
※ 발표자 중 우수자 절반만 골라 ○표를 할 것.(본인은 '나'라고 표시하고 평가하지 않음.)
※ 공정하게 평가할 것.

발표자 이름	가채점	평가 결과	발표자 이름	가채점	평가 결과
1			16		
2			17		
3			18		
4			19		
5			20		
6			21		
7			22		
8			23		
9			24		
10			25		
11			26		
12			27		
13			28		
14			29		
15			30		

자신있게 말하기
제가 하겠습니다
믿을 수 있게 친절하게 공감하게 떨림에서 설렘으로
명확하게 자신있게
경험이 보약이다
Correct Easy Simple
합리적으로 생각하라
반갑습니다 미안합니다
고맙습니다 잘 했습니다
마음 먹기 나름이다

www.kocw.net

제12주차
말하기 연습
- 캡슐게임 · 대본(2)

오늘의 수업

순서	주제	分	내용
1	오프닝	10	1) 큰 소리로 인사하며 만나기 2) 창조적인 출석 체크(재치있게 답하기[123]) 3) 수업 구호 외치기("믿자명친!")[124]
2	자기주도학습	30	1) 지난주 과제 내용 조원들과 나누기–학습 자료 참조 2) 다음주 과제 확인하기–학습 자료 참조
3	대본 만들기(2)	30	1) 설득 ※ 학습 자료 참고
4	캡슐게임	25	※ 학습 자료 참고
5	클로징	5	1) 종이 이메일 쓰기 2) 수업 구호 외치기 "믿자명친!" 3) 큰 소리로 인사 나누며 헤어지기

123) 오늘 고마운 일(사람), 동료들에게 멋지게 인사 한 마디, 나의 자기 암시문, 말하기는 (　　　)이다, 빨리 고치고 싶은 나의 말하기 버릇 하나, 무인도 갈 때 갖고 싶은 것 3가지, 지금 내 머리 속의 생각 하나는? 지금 나의 감정 상태를 한 단어로 말한다면?, 나는 (　　　)를 만나 (　　　)을 묻고 싶다, 붕어빵 어디부터 먹나?, 오늘 주장하고 싶은 것, 오늘 다른 사람들에게 설득하고 싶은 것, 차 한 잔 사주고 싶은 낯선 동료, 나의 말하기 연습 방법, 이번 학기 발표력이 가장 성장한 우리 조원

124) "믿자명친":"믿을 수 있게!", "자신있게!", "명확하게!", "친절하게!"

학습 자료

01 자기주도학습

1) 지난주 자기주도학습(과제) 내용 조원들과 나누기

02 대본 만들기(2)-설득하기

(1) 설득하려는 핵심 주제는 무엇인가요? "( ) 하자!", 또는 "( ) 하지 말고 ( ) 하자!" 형식에 맞는 설득 거리를 찾아봅시다. 그런데 설득에서는 핵심 주제가 상대방이 관심이 있는 것이어야 효과가 있습니다. 다음과 같은 주제는 어떻습니까?

- 서로 경쟁하지 말고 협력합시다!
- 상대방 인사 기다리지 말고 내가 먼저 인사합시다!
- 대화 중 내가 하고 싶은 말 대신 상대방이 듣고 싶은 말을 합시다!
- 막말 대신 아름다운 말을 씁시다!
- 수업 중 듣지만 말고 묻기도 합시다!
- 일회용 컵 대신 텀블러를 사용합시다!
- 버스나 지하철에서는 백팩을 앞으로 맵시다!
- 우리, 부끄러워하지 말고 당당하게 삽시다!
- 자동차 운전 시 깜박이 등을 켭시다!
- 이젠 좌측이 아니라 우측으로 통행합시다!
- 정치인 비난만 하지 말고 투표에 참여합시다!
- 나만 생각하지 말고 남도 배려합시다!
- 남의 시선 의식하지 말고 나의 시선을 의식합시다!
- 남의 생각 검색하지 말고 내 생각 사색합시다!
- 버스 뒷문으로 타지 말고 앞문으로 탑시다!
- 알바생들을 친절히 대합시다!
- 진보, 보수 신문을 함께 봅시다.
- Love myself!
- 이 물건을 사세요!
- 팀플 활동 시 무임승차 하지 말고 책임을 다합시다!
- 학교 부근 자취방 전세금 좀 내려주세요!

- 공공 매너를 지킵시다!
- 수업 매너를 지킵시다!

※ 설득 주제는 한국방송광고진흥공사(kobaco) 홈페이지의 공익광고를 참조하면 도움이 될 것입니다.

(2) 핵심 주제를 뒷받침할 이야기 거리(소재)는 어떤 것이 있나요?

(3) 그 이야기 거리 중 어떤 내용을, 어떤 순서로, 어떤 비중으로 설명하는 것이 좋을까요?

(4) 설득문은 결론이 앞뒤에 나오는 양괄식이 효과적입니다. 앞쪽의 결론은 질문형식으로 해도 좋습니다. 예를 들면 "공부를 잘 하고 싶으세요?" 같은 것입니다. 그 내용을 물고기 뼈에 그려 넣어보세요.

설득하기 발표 평가 기준

1. 발표를 듣고 난 후 그렇게 해보고 싶은 생각이 드는가?
2. 논리적, 정서적, 보상적, 위협적 기법을 적절히 활용했나?
3. 실천해볼 수 있는 구체적인 방법도 제시하는가?
4. 자기 생각을 자신있게, 효과적으로 표현하는가?(어휘, 목소리, 시선과 몸짓, 도구, 태도 등)

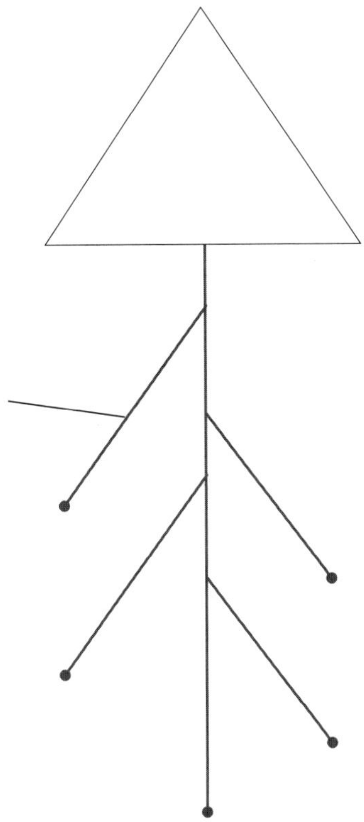

이야기 거리

소통 전문가
(여자)
무기 제조 전문가
(남자)
식량 제조
전문가
여자 수의사

03 자기주도학습

1) 캡슐게임

이 놀이는 주장, 설득을 위한 연습과정입니다. 따라서 평가에는 반영되지 않습니다. 이 놀이는 다음과 같이 진행됩니다.

(1) 상황

① 지구의 멸망으로 인류 대표 5명이 캡슐(우주선)을 만들어 지구를 탈출하여 다른 위성으로 가게 됐다.

② 인류의 대표는 다음과 같다. 식량제조 전문가, 이 캡슐 제작자, 무기 제조 전문가, 여자 수의사, 명사수(올림픽 사격 5관왕), 소통 전문가.

③ 그런데 출발 직전에 우주선에 문제가 생겨 3명만 타게 됐다. 그래서 토론을 벌이며 주장하고 설득한다. "나는 반드시 타야 한다! 왜냐하면......", "제발 나를 좀 타게 해주세요!

2) 진행방법

(1) 6명으로 구성된 조별로 1명씩 역할을 나누어 맡는다.(추첨)[125]

① 식량제조 전문가 ② 이 캡슐 제작자 ③ 무기 제조 전문가 ④ 여자 수의사

⑤ 명사수(올림픽 사격 5관왕) ⑥ 소통 전문가(소통, 통신 전문가).

(2) 내 역할에 대한 설득 전략을 준비한다.[126]

내 역할	설득 전략(논리적으로, 감성적으로, 보상적으로, 협박적으로)

125) 전체의 합의에 따라 1명은 새로운 역할로 바꿀 수도 있다. (예:아이언맨, 여자 과학자, 아이돌 가수)

126) ① 식량제조 전문가–어떤 재료로도 먹거리를 만들 수 있다.
② 이 캡슐 제작자–나 안 태우면 출발할 때 고장낼 것이다.
③ 무기 제조 전문가–식량제조 전문가와 우주 사냥을 해서 먹고 살게 해주겠다.
④ 여자 수의사–인류의 미래가 나에게 달려 있다. 그래도 나는 의사다.
⑤ 명사수(올림픽 사격 5관왕)–무기 제조 전문가와 내가 꼭 필요하다.
⑥ 소통 전문가(소통, 통신 전문가)–우주인 만나면 협력할래, 싸울래?

(3) 왜 내가 우주선에 타야 하는지 논리적으로, 감성적으로, 보상적으로, 협박적으로 다른 사람들을 설득한다.

(4) 좀 더 효과적으로 조원들을 설득하기 위해 전략회의를 갖는다. 각 조의 같은 역할자들끼리 모인다. 예를 들면 각조의 소통 전문가끼리 모여, 생존을 위해 어떻게 다른 대표들을 설득할지 토론 전략을 공유한다.

내 역할	설득 전략(논리적으로, 감성적으로, 보상적으로, 협박적으로)

(5) 다시 소속 조로 돌아가 생존을 위해 토론과 설득을 한다.

(6) 필요한 경우 다른 사람과 협력, 연대를 할 수도 있다.

(7) 토론을 마친 후 조원 투표를 거쳐 최종 생존자 3명을 뽑는다.

04 다음주 자기주도 학습과제

캡슐게임에서 각 역할자들이 설득한 내용을 분석해봅시다.

1. 다른 역할자들은 주로 어떤 점을 내세워 자신의 생존을 설득했는가?	
식량 제조전문가	
여자 수의사	
캡슐 제작자	
명사수(올림픽 사격왕)	
무기제조 전문가	
의사소통 전문가 (소통, 통신 전문가)	

2. 나는 어떻게 설득했나?	
1) 나의 역할은 무엇이었나?	
2) 설득한 내용은 무엇이었나?	
3) 얼마나 효과적이었나?	
4) 다음에 같은 역할을 맡는다면 어떤 점을 설득할 것인가?	

제가 하겠습니다
믿을 수 있게 친절하게 공감하게 떨림에서 설렘으로
명확하게 자신있게
경험이 보약이다
자신있게 말하기
Correct Easy Simple
합리적으로 생각하라
반갑습니다 미안합니다
고맙습니다 잘 했습니다
마음 먹기 나름이다

www.kocw.net

제13주차
발표
- 설득하기

오늘의 수업

순서	주제	分	내용
1	오프닝	10	1) 큰 소리로 인사하며 만나기 2) 창조적인 출석 체크(재치있게 답하기[127]) 3) 수업 구호 외치기("믿자명친!")[128]
2	발표 준비	5	1) 발표 순서 신청 2) 평가지, 피드백 용지 준비 3) 녹화 준비(동료에게 동영상 촬영 부탁)
3	발표(설득하기)	80	1) 2분30초 2) 면접관의 질문에 답하기 3) 피드백: 잘 한 점, 개선할 점을 피드백 용지에 기록
4	평가와 피드백		1) 정해진 인원 수 만큼 우수자 평가 2) 피드백 용지 발표 순서대로 모아서 전달.
5	클로징	5	1) 종이 이메일 쓰기 2) 수업 구호 외치기 "믿자명친!" 3) 큰 소리로 인사 나누며 헤어지기

127) 오늘 고마운 일(사람), 동료들에게 멋지게 인사 한 마디, 나의 자기 암시문, 말하기는 (   )이다, 빨리 고치고 싶은 나의 말하기 버릇 하나, 무인도 갈 때 갖고 싶은 것 3가지, 지금 내 머리 속의 생각 하나는? 지금 나의 감정 상태를 한 단어로 말한다면?, 나는 (   )를 만나 (   )을 묻고 싶다, 붕어빵 어디부터 먹나?, 오늘 주장하고 싶은 것, 오늘 다른 사람들에게 설득하고 싶은 것, 차 한 잔 사주고 싶은 낯선 동료, 나의 말하기 연습 방법, 이번 학기 발표력이 가장 성장한 우리 조원

128) "믿자명친":"믿을 수 있게!", "자신있게!", "명확하게!", "친절하게!"

학습 자료

01 진행 방법

1) 칠판에 적힌 번호를 보고 자신이 발표를 원하는 순서에 이름을 적습니다. 자신있게 말하기를 원한다면 순서를 앞쪽으로 정하는 것이 좋습니다. 먼저 발표할수록 아무도 시도하지 않은 내용을 발표할 수 있어 청중에게 신선한 느낌을 줄 수 있습니다. 반면에 뒤에 할수록 이미 발표한 사람과 내용이 중복될 수 있고, 동료의 발표를 듣고 평가를 하면서 기다리는 동안 지칠 수 있습니다. 그러다가 자신의 발표 내용과 다른 사람의 발표 내용이 헷갈릴 수도 있습니다.

2) 평가용지와 피드백 용지를 받으세요. 평가는 발표 전체를 지켜 본 사람만 작성할 수 있습니다. 다른 사람의 발표를 듣고 평가를 하면서, 아울러 별도의 피드백 용지에 발표에 대한 구체적인 조언도 적습니다. 잘 된 점, 개선해야 할 점 등을 적은 후 촬영하여 카톡방에 게시하기 바랍니다. 주장한 내용에 대해 반박하는 내용을 적어주면 도움이 될 겁니다. 작성자가 드러나지 않게 하기 위해 자신의 것에도 기록을 하는 방법이 있습니다. 작성한 피드백 용지를 조장이 모아 조장이 한꺼번에 카톡방에 올려도 좋습니다.

3) 피드백 용지는 촬영한 후 이름을 적어서 평가용지와 함께 제출합니다.

4) 스마트폰(카메라)를 동료에게 맡겨, 본인의 발표 장면을 촬영하세요.

5) 당당히 입장해서 인사를 합니다. 소속과 이름, 발표할 주제도 밝힙니다. 말로 하는 인사와 고개를 숙이는 인사를 동시에 하지 말고 나누어서 하세요.

6) 드디어 발표를 시작합니다. 청중을 바라보면서 쉽고 차분하게 표현하세요. "미~솔~도"로 목소리 높이와 강약에 변화를 줄 필요가 있습니다. 단순히 내용을 전달하는 데 그치지 말고 청중이 그것을 받아들이고 행동에 옮기도록 적극적으로 설득해야 합니다. 그러자면 전하는 내용으로 자기를 먼저 설득해야 합니다.

7) 참고해야 할 메모가 있다면 손바닥 안에 들어갈 정도로 작게 만들어 필요할 때만 보세요. 읽는 것과 말하는 것은 다릅니다. 대본을 읽는 느낌이 들지 않도록 주의해야 합니다. 가장 좋은 방법은 대본을 찢어버리고 단상에 오르는 것입니다. "내가 원본이다!"

8) 자신도 모르게 반복적으로 의미 없이 손을 움직이거나 머리를 만지거나 다리를 움직이지 않도록 주의해야 합니다. 특히 "어~", "음~"를 반복하거나, 탁자에 손을 얹고 기대지 않도록 주의하세요.

9) 말로만 설명하기에는 부족한 부분이 많습니다. 시각물이나 도구, 복장을 활용하면 설득을 하는 데 도움이 될 수 있습니다. 파워포인트는 사용하지 않습니다.

10) 다시한번 청중에게 설득 내용을 행동에 옮겨줄 것을 간절히 요청하면서 인사 후 당당히 퇴장하세요.

※ 교실이 넓다면, 설득하기 발표 때에는 청중이 앞쪽 좌석을 비우고 뒤쪽에 앉는 것이 좋습니다. 그렇게 함으로써 발표자가 목소리를 크게 낼 수 있기 때문입니다. 목소리를 크게 내는 연습을 겸해서 할 수 있습니다.

02 다음주 자기주도 학습과제

발표 동영상과 동료들이 적어준 피드백을 토대로
자신감, 답변 내용, 답변 방식과 태도, 개선할 점, 사전 준비 등을 아래 표에 정리한다.
A4 용지 1매 이내.

(　　　　　　　　　　　　　　)의 발표 분석	
1. 발표 순서, 주제는?	
2. 이번에 특별히 무엇을 잘 해보려고 했나?	
3. 잘 한 것은 무엇인가?(의미, 재미 등)	
4. 왜 그렇게 생각하나?	
5. 다시 한다면 무엇을 어떻게 하고 싶은가?	

설득하기 발표 평가표 (제출용)

평가자: ________________

Check Point

1. 의견을 듣고 난 후 그렇게 해보고 싶은 생각이 드는가?
2. 논리적, 정서적, 보상적, 위협적 기법을 적절히 활용했나?
3. 실천해볼 수 있는 구체적인 방법도 제시하는가?
4. 자기를 자신있게, 효과적으로 표현하는가?(어휘, 목소리, 시선과 몸짓, 도구, 태도 등)

※ 발표 전체를 참관하는 경우에만 평가 결과가 유효함.
※ 발표자 중 우수자 절반만 골라 ○표를 할 것.(본인은 '나'라고 표시하고 평가하지 않음.)
※ 공정하게 평가할 것.

발표자 이름	가채점	평가 결과	발표자 이름	가채점	평가 결과
1			16		
2			17		
3			18		
4			19		
5			20		
6			21		
7			22		
8			23		
9			24		
10			25		
11			26		
12			27		
13			28		
14			29		
15			30		

할까 말까 할 때에는 해라!
제가 하겠습니다
믿을 수 있게 친절하게 공감하게 떨림에서 설렘으로
명확하게 자신있게
경험이 보약이다
자신있게 말하기
Correct Easy Simple
합리적으로 생각하라
반갑습니다 미안합니다
고맙습니다 잘 했습니다
마음 먹기 나름이다

www.kocw.net

제14주차
발표
- 길거리 스피치

오늘의 수업

순서	주제	分	내용
1	오프닝	10	1) 큰 소리로 인사하며 만나기 2) 창조적인 출석 체크(재치있게 답하기[129]) 3) 수업 구호 외치기("믿자명친!")[130]
2	발표 준비	5	1) 발표 순서 신청 2) 녹화 준비(동료에게 동영상 촬영 부탁)
3	발표(설득하기)	80	1) 90초 이상(2분 이내) 2) 행인 설득하기
4	기념촬영		1) 발표자 전체 시각물 들고 촬영
5	클로징	5	1) 종이 이메일 쓰기(마지막) 2) 수업 구호 외치기 "믿자명친!" 3) 큰 소리로 인사 나누며 헤어지기

129) 오늘 고마운 일(사람), 동료들에게 멋지게 인사 한 마디, 나의 자기 암시문, 말하기는 (　　)이다, 빨리 고치고 싶은 나의 말하기 버릇 하나, 무인도 갈 때 갖고 싶은 것 3가지, 지금 내 머리 속의 생각 하나는? 지금 나의 감정 상태를 한 단어로 말한다면?, 나는 (　　)를 만나 (　　)을 묻고 싶다, 붕어빵 어디부터 먹나?, 오늘 주장하고 싶은 것, 오늘 다른 사람들에게 설득하고 싶은 것, 차 한 잔 사주고 싶은 낯선 동료, 나의 말하기 연습 방법, 이번 학기 발표력이 가장 성장한 우리 조원

130) "믿자명친":"믿을 수 있게!", "자신있게!", "명확하게!", "친절하게!"

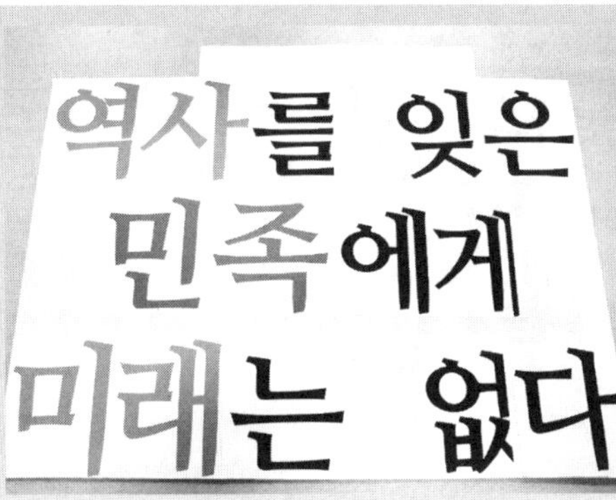
역사를 잊은
민족에게
미래는 없다

FREE
HUGS

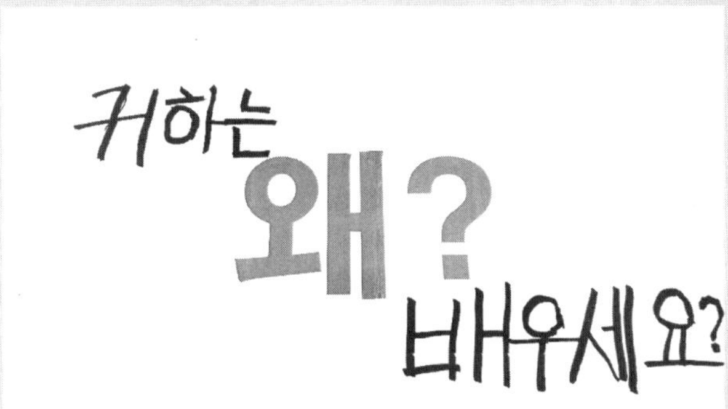
왜?
배우세요?

약 수
하 자

BE
The
NO
NO

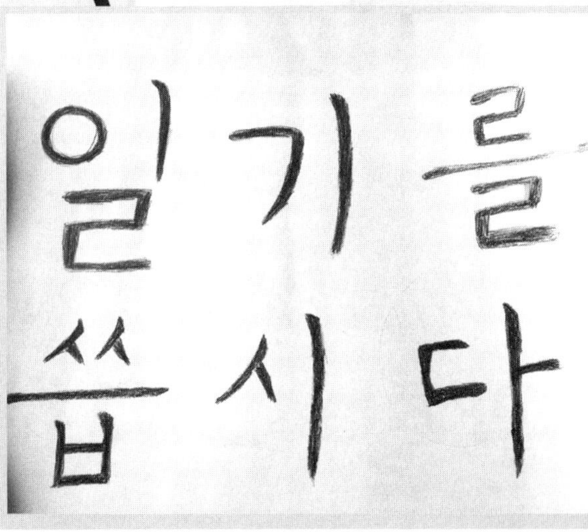
일 기 를
씁 시 다

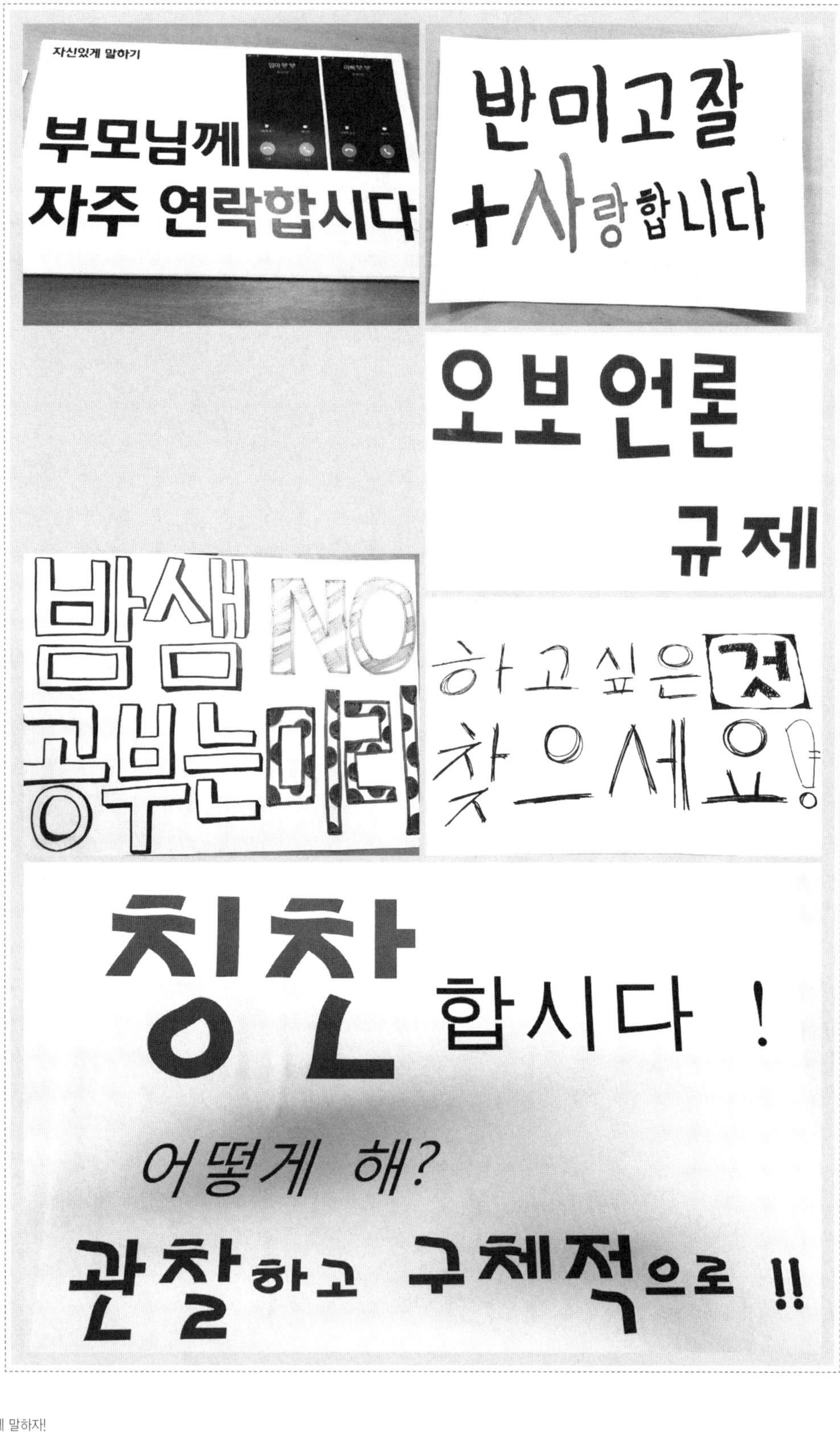
자신있게 말하기
부모님께
자주 연락합시다
반미고잘
+사랑합니다
오보언론
규제
밤샘 NO
공부는미리
하고싶은 것
찾으세요!
칭찬 합시다 !
어떻게 해?
관찰하고 구체적으로 !!

자신있게 말하기
지금 길거리 스피치 실습 중 입니다!
잠시 주목해주시고 격려해주세요!

KMU
사회과학대학
글로벌인문·지역대학
WORLD CAMP
자신있게 말하기
지금 길거리 스피치 실습 중 입니다!
잠시 주목해주시고 격려해주세요!
2017 청년대학생 선교캠프
소화전

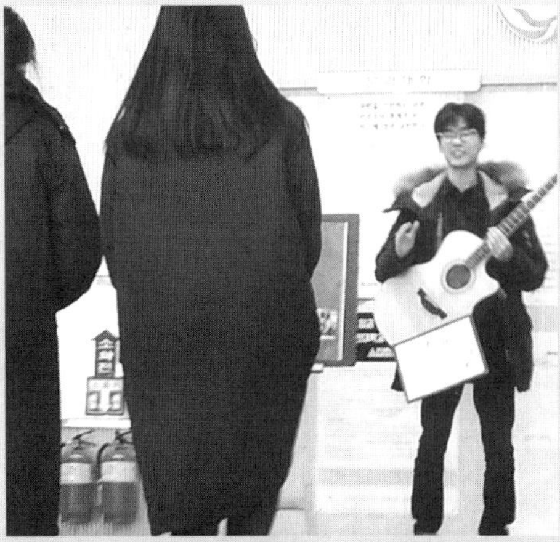

게시판

메모를
책 책 책
반말
헌혈로
사랑을
나눠요
자존감
영양제를
후회
할까요?
고 싶어
현충일에한국전
용병들을추모하
언어는 말하는 것이
아니라 쓰는
것입니다
나는 이제
JUST DO

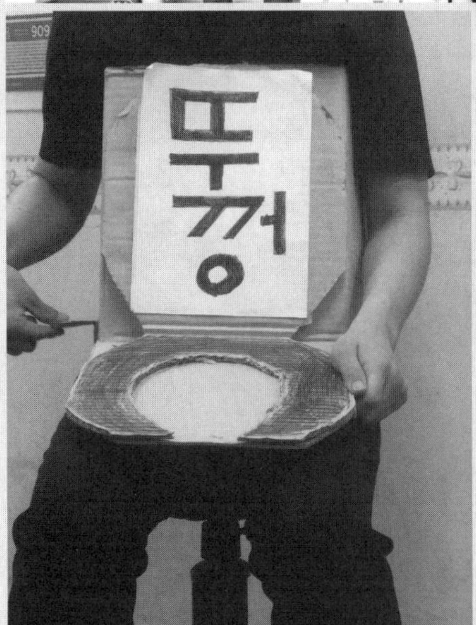
뚜껑

학습 자료

01 길거리 스피치는…

길거리 스피치는 행인들 앞에서 발표를 하는 것입니다. 길거리 스피치는 자신있게 말하기 수업의 완결판이라 할 수 있습니다. 말하기가 가장 어려운 상황에서 자신의 메시지를 행인들에게 주장이나 설득을 해봄으로써 자신감을 최고 수준으로 끌어올릴 수 있는 좋은 기회입니다.

그럼에도 불구하고 길거리 스피치는 상당히 어려운 말하기 실습입니다. 우선, 행인들이 스피치에 주목하지 않기 때문입니다. 행인들은 서있지 않고 계속 지나갑니다. 이야기를 연결해서 듣는 게 아니라 자신이 지나갈 때의 이야기만 듣습니다. 10초 정도의 기회가 있을 뿐입니다. 그러니 이야기의 전달이 대단히 어렵습니다. 상당히 당황스러운 상황이죠.

02 발표 방법

따라서 이야기의 전달방식을 바꿔야 합니다. 앞의 이야기를 들어봐야 결론이 납득이 가는 '서론-본론-결론' 방식은 아무런 효과가 없습니다. 논리적으로 말하기는 피해야 합니다. 결론을 반복하는 방식이 좋습니다. 똑같은 결론을 반복할 수 없으니 어휘나 소재를 바꿔 반복적으로 표현하는 것이 좋습니다. 이야기의 구성을 단순화해야 합니다.

예를 들어 "먼저 인사를 합시다!"를 설득시키려면 "인사는 사람과 사람 사이를 이어줍니다. 먼저 인사해보십시오. 인사는 다른 사람에 대한 배려입니다. 먼저 인사해보십시오. 먼저 인사하는 사람이 형입니다. 먼저 인사해보십시오. ……" 이런 식으로 강조하려는 부분을 반복하는 것이 효과적입니다.

길거리는 언제나 시끌벅적합니다. 그런 상황에서 어떻게 하면 행인들을 주목시킬 수 있을까요? 어떻게 하면 그들의 걸음걸이 속도를 조금이라도 늦추고, 다른 사람과 나누던 대화를 조금이라도 멈추게 할 수 있을까요?

우선 그들보다 더 큰 목소리를 내서 행인들을 눈과 귀를 끌어들여야 합니다. 주제가 그들이 관심이 가고 공감이 가는 것이어야 합니다. 그리고 천천히 또박또박 말해야 합니다. 그들의 시선을 끌기 위해서는 뭔가 볼거리를 제시하는 것이 효과적입니다. 전하고자 하는 메시지의 내용을 시각화한 패널이나 피켓 같은 도구를 사용하는 것은 어떨까요? 길거리에서 시위하는 사람들이 피켓을 드는 데에는 그만한 이유가 있습니다. 피켓의 글씨는 크고 단순하고 컬러풀해야 겠지요?

여러분의 동료들이 옆에 서서 강력한 응원을 보낼 겁니다. 대학생활에서 가장 짜릿한 경험을 누리기 바랍니다.

1) 행인들을 향해 소구하기에 적합한 주장이나 설득 거리를 찾아봅시다. 13주차의 설득 내용을 90초 길이로 재구성해보면 어떨까요?

2) 행인들을 위한 스피치는 논리적 구성보다 반복적 구성이 효과적입니다.

03 진행방법

1) 교실에서 발표 순서를 먼저 정합니다. 칠판에 적힌 번호를 보고 자신이 원하는 순서에 이름을 적습니다. 자신있게 말하기를 원한다면 순서를 앞쪽으로 정하는 것이 좋습니다. 먼저 발표할수록 아무도 시도하지 않은 내용을 발표할 수 있어 청중에게 신선한 느낌을 줄 수 있습니다. 반면에 뒤에 할수록 이미 발표한 사람과 내용이 중복될 수 있습니다.

2) 길거리 스피치의 평가는 지도교수가 직접 합니다.

3) 스마트폰(카메라)를 동료에게 맡겨 발표 장면을 촬영하세요.

4) 인사를 합니다. 왜 길거리 스피치에 나섰는지 설명합니다. 그리고 소속과 이름, 발표할 주제를 밝힙니다. 말로 하는 인사와 고개를 숙이는 인사를 구분하세요.

5) 드디어 발표를 시작합니다. 발표에 무관심한 청중을 향해 계속 관심을 갖고 호소해야 합니다. 목소리 크기, 높이, 강도가 중요합니다. 특히 길거리 스피치에서는 피켓을 보여주면서 행인들과 이야기하듯 변화를 주면서 자연스럽게 전해야 합니다.

6) 자신있는 표정과 목소리로 외친 후, 인사하고 당당히 퇴장하세요.

7) 발표를 마친 후에는 현장에서 단체 기념촬영을 합니다.

길거리 스피치 평가기준

1. 목소리, 표정 등에 자신감이 드러나는가?
2. 메시지가 행인들에게 적합한가?
3. 행인들을 주목시키는가?
4. 보조 도구를 효과적으로 활용하는가?

04 다음주 자기주도 학습과제(마지막 리포트)

소속, 이름: ____________________

1. 항목별 사전사후진단 비교

제2주차 말하기 능력 사전 진단지로 다시 한번 진단을 합니다. 진단결과를 다음 표에 옮겨 적습니다. 각 항목별로 사전 진단 때와 사후 진단 때의 평가 결과(OK, 또는 Not OK)가 어떻게 달라졌는지 살펴봅니다.

항목	평가 결과(OK, Not OK?)		변화 (+, −)
	사전	사후	
1-1 약점 노출 두려움			
1-2 실패 두려움			
1-3 불안 증상			
1-4 나 신뢰			
1-5 합리적 인식			
2 콘텐츠			
3-1 발표문			
3-2 호흡, 발성, 발음			
3-3 행동 언어			
4 경험			
5 리허설			
6-1 일상의 연습			
6-2 신뢰성			
6-3 호감성			

2. 학습 목표 진단

제2주차 때 작성한 학습목표가 얼마나 실현되었는지 진단해보세요.

우선 순위	학습 목표 (무엇을, 언제까지, 어떻게, 어느 수준으로)	성과에 대한 평가 (불만족, 보통, 만족)
1		
2		
3		

3. 학습목표의 전체 성과를 %로 나타낸다면?

4. 나의 암시문은?

5. 지난 한 학기 수업을 되돌아볼 때 잊을 수 없는 것은?

1)

2)

3)

6. 지난 한 학기 수업을 통해 얻은 것(변화한 것)은?

1)

2)

3)

7. 말하기와 관련하여 앞으로 더욱 노력해야 할 점은?

발표영상 유튜브에 게시하기

청중을 대상으로 하는 발표가 오프라인에서 온라인 공간으로 확장되고 있습니다.
대표적인 것이 유튜브입니다.

(1) 이번 학기 발표한 동영상 중 1개를 유튜브에 게시하세요.
(2) 주위 사람들을 초대해보세요.
(3) 게시 기간은 종강 후 1개월이며, 이후에도 계속 활동해보기 바랍니다.
(4) 파일 이름은 '자신있게 말하자-(내 이름)'로 통일합니다.

자신있게 말하기
Correct Easy Simple
합리적으로 생각하라
반갑습니다 미안합니다
고맙습니다 잘 했습니다
경험이 보약이다
명확하게 자신있게
믿을 수 있게 친절하게 공감하게 떨림에서 설렘으로
제가 하겠습니다

www.kocw.net

제15주차
종강 · Feedback Day

오늘의 수업

순서	주제	分	내용
1	오프닝	10	1) 큰 소리로 인사하며 만나기 2) ㄷ자형으로 좌석 배열 3) 창조적인 출석 체크(재치있게 답하기[131]) 4) 수업 구호 외치기("믿자명친!")[132]
2	격려와 감사	35	1) 발표 순서 신청 2) 녹화 준비(동료에게 동영상 촬영 부탁)
3	1분 스피치	35	1) 이번 학기 나의 변화(마지막 리포트를 중심으로)
4	마무리	10	1) 종이 이메일 배부 2) 미비 서류 제출 마감
5	5분 강의	5	1) 자신있게 말하기 종합
6	클로징	5	1) 종이 이메일 쓰기(마지막) 2) 수업 구호 외치기 "믿자명친!" 3) 큰 소리로 인사 나누며 헤어지기

131) 오늘 고마운 일(사람), 동료들에게 멋지게 인사 한 마디, 나의 자기 암시문, 말하기는 (　　)이다, 빨리 고치고 싶은 나의 말하기 버릇 하나, 무인도 갈 때 갖고 싶은 것 3가지, 지금 내 머리 속의 생각 하나는? 지금 나의 감정 상태를 한 단어로 말한다면?, 나는 (　　)를 만나 (　　)을 묻고 싶다, 붕어빵 어디부터 먹나?, 오늘 주장하고 싶은 것, 오늘 다른 사람들에게 설득하고 싶은 것, 차 한 잔 사주고 싶은 낯선 동료, 나의 말하기 연습 방법, 이번 학기 발표력이 가장 성장한 우리 조원

132) "믿자명친":"믿을 수 있게!", "자신있게!", "명확하게!", "친절하게!"

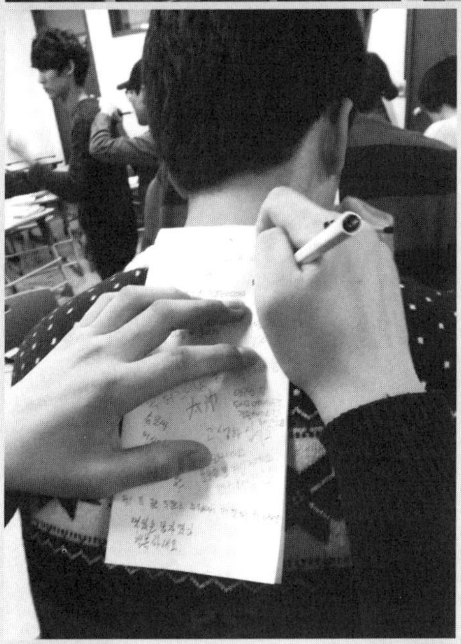

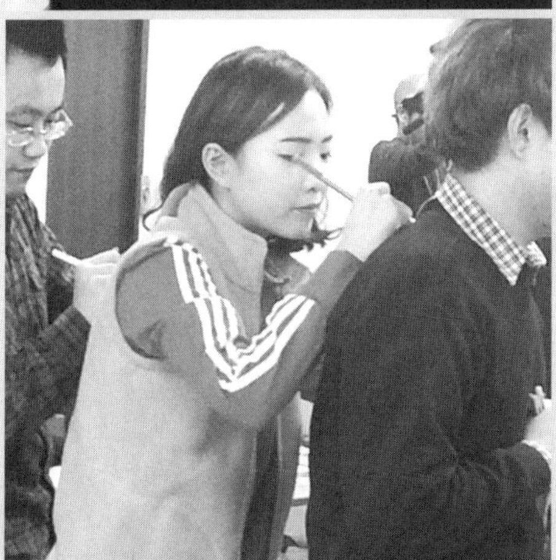

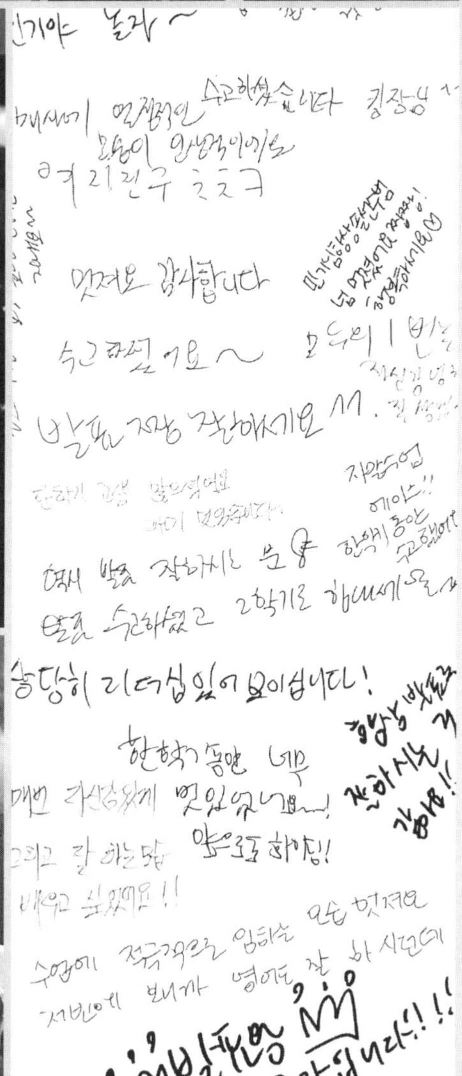
수고하셨습니다 킹장님
멋져요 감사합니다
수고하셨어요~
발표 진짜 잘하시네요
역시 발표 잘하시는 분
한학기 동안 수고했어요
당당히 리더십있어 보이십니다!
한학기 동안 너무
매번 자신감있게 멋있었어요
수업에 적극적으로 임하는 모습 멋져요

Mentors' Advice

자신있게 말하기를 가르치는 말하기 멘토 여섯 분이 주는 격려의 메시지입니다.

한희정 교수

오정근 교수

조인숙 교수

조수진 교수

김은정 교수

김진영 교수

"불안감엔 연습이 보약입니다!"

〈자말〉수강을 환영합니다! 청중 앞에서 말하기가 불안하다는 학생을 만나보면 자신의 생각을 전달하고 타인의 의견을 경청하는 교육을 경험하지 못한 경우가 대부분입니다. 전문 강연자도 강연 환경이 다르고 익숙하지 않은 주제로 준비 없이 대중 앞에 서면 마찬가지로 '불안'합니다. 대중 앞에서 말하기는 자전거 타기나 수영처럼 완전히 체화(embodiment)되기 어려울 수 있습니다. 그러나 연습을 통해 불안증은 얼마든지 극복될 수 있습니다. 마음을 열고 꾸준히 준비하고 연습하다보면 시나브로 자신감이 향상될 것입니다.

여기에 사회와 삶에 대해 뜨거운 관심을 갖는다면 다양한 주제에 관해 논리적 주장을 펼치는 것에 익숙해지겠지요. 〈자말〉을 통해 로고스(논리적 전개), 에토스(인격), 파토스(공감)를 담은 스피치에 도전해 보세요!

한희정 hahnhi@hanmail.net

"놀면서 배우니 자신감도 커집니다!"

이 수업에 참여하면 말도 잘 하게 되지만, 사람도 변합니다. 첫째로 사람의 눈이 달라집니다. 사람이나 상황을 바라보는 눈이 아주 밝아집니다. 그 동안 보이지 않던 밝은 면을 보게 됩니다. 어떻게 가능하냐고요? 모두 그렇게 말하고 행동하기 때문에 자신도 그렇게 되지요. 6주간 30명의 동료와 교수님의 피드백을 서로 주고받다보면 저절로 훈련이 됩니다.

둘째로 좋은 학습법을 익히게 됩니다. 이 수업에서는 첫 수업 때부터 메타인지 개념을 확실히 하고, 이를 활용하는 방법을 배워 반복 연습을 합니다. 다른 수업에 이를 적용한 결과, 학습시간을 줄이면서도 기억력이 높아졌다고들 합니다.

셋째로 사람을 만나는 기쁨과 자신감을 얻게 됩니다. 다양한 전공의 선후배들을 만나면 말을 걸기가 쉽지 않습니다. 이 수업에서는 낯선 사람과 열린 마음으로 대화하는 기회가 많아 누구와도 쉽게 대화를 풀어갈 수 있습니다. 모듬 활동이 많고, 놀면서 배우기 때문에 상호작용을 통해 자신감도 커집니다.

오정근 ojikojik@naver.com

"내 이야기를 공감을 얻으며 말하면 됩니다!"

핵심은 '무엇을(what)'과 '어떻게(how)'예요. 무엇을 이야기 할 것인가의 측면에서는 내 이야기를 하는 게 중요합니다. 내러티브 심리학(Narrative psychology)에 '내가 하는 말들이 바로 나'라는 얘기가 있지요. 유명한 사람들의 말이나 글을 정리해 정보로 전달하기보다 내가 전달하고자 하는 핵심 메시지에 나의 경험, 나의 스토리가 더해져야 합니다.

어떻게 말할 것인가의 측면에서는 나의 이야기를 하되, 오디언스를 고려한 내용과 화법을 더하면 공감을 불러일으키는 좋은 반응을 얻을 수 있습니다. 여기에 한 가지 더, 모니터의 중요성을 강조합니다다. 제가 20여 년 동안 방송을 하면서 중요하게 생각했던 점입니다. 나의 스피치를 모니터하면서 연습하면 어제와 오늘의 내가 달라져 있을 것입니다.

조수진 febcsj@hanmail.net

"오늘 있었던 일, 가족에게 중계방송해보세요."

"어제 본 영화 정말 재밌었어."

"그래? 어떤 내용이었는데?"

"…"

볼 때는 정말 재미있었는데 막상 내용을 전달하려고 하면 표현력의 한계를 느낄 때가 종종 있을 겁니다. 많은 사람들이 말할 때 겪는 어려움 중 하나가 바로 표현의 문제입니다. 표현력을 길러주는 팁을 하나 알려드릴게요.

집에 돌아왔을 때 가장 먼저 만난 사람에게 3분 정도 그날의 일을 중계방송해보세요. 이때 말을 잘하려고 쉬엄쉬엄 하지 말고, 생각이 떠오르는 대로 일단 말해보세요. 처음에는 머릿속의 단상들을 나타내는 단어나 적절한 표현이 떠오르지 않을 겁니다. 하지만 집에 돌아오는 길의 풍경, 학교에서의 일, 친구와 나눈 대화 등 여러분의 일상을 여러분의 언어로 풀어보세요. 처음에는 힘들겠지만 어느 새 여러분의 표현력이 몰라보게 쑥 성장해있을 겁니다.

영상일기도 권해드립니다. 처음에는 어색하고 무슨 말을 해야 할지 떠오르지 않을 테지만, 자주 시도하면 표현력도 좋아질 거예요. 카메라 앞에 선 여러분의 표정도 훨씬 자연스러워질 겁니다. 오늘부터 시작해보세요!

조인숙 insookcho7@gmail.com

3무2과를 아시나요?

"오늘 발표 망했어요."

"왜 매번 발표를 할 때마다 아쉬움이 남고 마음에 들지 않는 것일까요?"

스피치 수업을 할 때마다 자주 듣는 이야기죠. 과연 왜 이런 일이 생기게 되는 것일까? 문제는 생각보다 간단합니다. 케이스를 비싼 돈 들여 화려하게 장식한들 프로그램에 문제가 있다면 스마트폰의 제 기능을 할 수 있을까요? 발표도 마찬가지입니다. 내 발표의 근본적인 장애요소를 찾아야 성공적인 발표를 할 수 있는 것입니다. 그 근본적인 원인은 바로 3무(無)2과(過), 즉 세 가지가 없거나 부족하고 두 가지는 과해서(지나쳐서)라고 봐요. 여기서 3무(無)는 발표주제에 대한 정보, 발표에 대한 경험, 그리고 발표 전 연습이며 2과(過)는 반드시 잘 해야 한다는 욕심과 실패와 실수에 대한 걱정입니다.

매력적인 발표를 하고 싶으세요? 발표 후 무대에서 웃으면서 내려오고 싶으세요? 그렇다면 자신에게 물어보세요 3가지는 채우고 2가지는 비웠는지…

김은정 prokej@naver.com

"나만의 빛깔과 향기를 용기 내서 말해보세요"

"내가 그의 이름을 불러 주었을 때 그는 나에게로 와서 꽃이 되었다." – 김춘수, 「꽃」

자신있게 말하기 수업에 함께 하는 여러분, 우리는 각자의 빛깔과 향기가 있는 존재입니다.

그러나 많은 이들이 자신만의 빛깔과 향기를 잊은 채, 혹은 모른 채 살아가지요.

말하기의 성패는 자신에 대한 깊이 있는 이해, 스스로에 대한 믿음, 그리고 자신의 생각을 정직하게 보일 수 있는 용기에 달려있다고 생각합니다.

이 수업을 통해 자신이 가지고 있는 가치와 장점을 발견하고 자신을 진솔하게 표현하시기 바랍니다.

수업에 참여하기 전 '하나의 몸짓'에 지나지 않은 '나'였다면, 이 수업을 마친 후에는 서로에게 '잊혀지지 않는 하나의 눈짓'이 되는 '우리들'이 되었으면 좋겠습니다.

김지영 elikusa@naver.com

놀이로 배우는 말하기 학습 워크북(개정증보판)

자신있게 말하자!

초 판 발 행	2016년 08월 05일
개정판발행	2017년 08월 15일
개정판2쇄	2019년 02월 01일
개정증보판	2019년 08월 15일
저 자	이 의 용
발 행 인	유 지 수
발 행 처	국민대학교 출판부
주 소	서울시 성북구 정릉로 77
전 화	02-910-4242
팩 스	02-910-4240
등 록	1975년 6월 17일 제6-33호
인쇄 · 편집	(주)상지피앤아이
전 화	02-2275-2500

ⓒ 이의용 ISBN 978-89-7812-445-4 13700

가격 10,000원